Johann Willibald Nagl

Vocalismus der bayr.-österr. Mundart

historisch beleuchtet : I. Kapite

Johann Willibald Nagl

Vocalismus der bayr.-österr. Mundart
historisch beleuchtet : I. Kapite

ISBN/EAN: 9783744630887

Hergestellt in Europa, USA, Kanada, Australien, Japan

Cover: Foto ©ninafisch / pixelio.de

Weitere Bücher finden Sie auf **www.hansebooks.com**

Vocalismus der bair.-österr. Mundart, historisch beleuchtet.

I. Capitel.

DAS HOHE „A"

IN DER

BAIR.-ÖSTERR. MUNDART.

VON

Dᴿ· J. W. NAGL,

PRIVAT-DOCENT FÜR DEUTSCHE SPRACHE AN DER WIENER UNIVERSITÄT.

Separat-Abdruck aus den Blättern des Vereines für Landeskunde von Niederösterreich, 1890—1895.

WIEN.

Verlag des Vereines für Landeskunde von Niederösterreich.

1895.

Corrigenda.

S. 13, Z. 21, lies »tachtraif« statt »trachtraif«; S. 16, Z. 37 und 39, sind die Zeichen (und g umzustellen; S. 24, Z. 31 und 36, lies »Meinradus« statt »Meinhardus«; S. 80, Z. 29, lies œ statt œ.

BREMER

Druck von Friedrich Jasper in Wien.

Vorbemerkung.

Die vorliegende Schrift hat, zunächst in einer nicht ausschliesslich germanistischen Zeitschrift erscheinend, erst binnen fünf Jahren (1890—1895) partienweise der Öffentlichkeit übergeben werden können. Sie erscheint nun als Ganzes und ermöglicht so dem Leser einen leichteren Überblick über den gebotenen Stoff.

Haben sich mir auch seit so langer Zeit im einzelnen manche Ergänzungen oder Berichtigungen ergeben, so z. B. über die bäurischen $a <$ ahd. ei im § 2 (Beitr. 19, 338 ff., und M. Haberlandts Zeitschr. f. österr. Volkskunde, I) oder über die Bedeutung des Namens ›Schottwien‹ im § 13, S. 23 (meine Zeitschr. ›Deutsche Mundarten‹, I, S. 33), so bin ich im wesentlichen durch alle meine nachfolgenden Erfahrungen in dem von vorneherein Festgehaltenen bestärkt worden. Es liegt in der Natur der Quellenverhältnisse, dass die beweisenden Thatsachen in jüngerer Zeit viel reichlicher, in älterer Zeit weit spärlicher auftreten, dass also meine hier aufgestellten Behauptungen fürs XV. bis XIX. Jahrhundert viel sicherer sind, als etwa fürs XI. oder VII. Indessen musste ich doch auch aus dem ältesten Quellenmateriale jene Thatsachen herausheben, welche für ein Zurückschieben lebender Dialecterscheinungen in eine so frühe Zeit sprechen. Inwieweit diese Thatsachen beweisend sind, wird die Gesammtheit der Fachgenossen zu entscheiden haben.

Dass die Vorwürfe O. Brenners, der die drei ersten Bogen der vorliegenden Schrift eingesehen hat, nicht begründet sind, davon wird sich nun jeder Leser selbst überzeugen können; wo es irgend möglich war, habe ich — ganz entgegen der unbegründeten

Behauptung Brenners — die Schreibmethode der einzelnen Quellen genau untersucht (vgl. z. B. S. 11, 13, 14 f., 17 f., dazu S. 64 f. u. s. w.); so »isoliert« sind daher meine »Schreibungen« nicht, auch schon deshalb nicht, weil dieselben aus der gleichen Zeit und der gleichen Gegend (bei Ortsnamen besonders) zusammengestellt sind; da kann doch ein Zusammenhang selbst bei verschiedenen Quellen nicht so leicht in Abrede gestellt werden. — Im übrigen mögen die von mir erbrachten Thatsachen selbst für sich sprechen; etwaige weitere Erörterungen über die hier angeregten Themen gedenke ich in meiner oben erwähnten Zeitschrift den Fachgenossen vorzulegen.

Prossnitz, den 26. Juli 1895.

J. W. Nagl.

Erstes Capitel.
Das hohe A.
I. Hohes *a* = ahd. mhd. *ei*.

§ 1. Das reine hohe *a* der heutigen bairisch-österreichischen Mundart klingt, je nach der lautlichen Nachbarschaft, bald lang als *â*, bald kurz, aber prägnant und voll als *á*. Der Wiener z. B. spricht ‚hâd‘ ‚brâd‘ ‚wâch‘ und ‚brátn‘ ‚wákŋ‘ ‚sá⸗‘ für Heide, breit, weich, [aus-] breiten, [ein-]weichen, Seife. Das dialektische *a* hält die möglichst reinste Mitte zwischen *u* und *i* bezüglich der indifferenten Zungenarticulation: der Unterkiefer ist deutlich gesenkt, die Mundspalte nicht so breit wie beim *i* und nicht so gerundet oder gar vorgeschoben wie beim *u*. Da aber die »reine Mitte« ein theoretischer, praktisch kaum festhaltbarer Punkt ist, so glaube ich nach Winteler und Sievers[1], S. 40, in unserem *a* die sogenannte »i-Basis« zu erkennen, einerseits wegen der historischen Bezüge zu *ai* und *ae*, andererseits, weil der Dialekt zwar die Strecke *a—i* sicher halbiert und ein entschiedenes *e* findet, aber die den störenden Vocalmittelpunkt mitenthaltende Strecke *u—a* minder sicher halbiert und je nach Dialektspielarten zwischen »schwärzestem« *o* und hellerem *o*° schwankt. Auch scheint mir die Mundspalte bei unserem *a* immerhin noch zu beträchtlich gespannt, als dass ich die theoretische Mitte daran erkennen könnte. Trotzdem habe ich noch in keiner Sprache ein reineres *a* gehört als unser hohes dialektisches *a* ist. Es entspricht in seiner ältesten[1]) Geltung dem mhd. *ei*, ahd. *ei*, gothischen *ai*, und zwar zunächst jenem, welches als *ai* in germanistischen Werken von *ai* unterschieden wird.

§ 2. Als solche alte Geltung ist heute das hohe *a* in der Mundart der Bauern sowol auf dem flachen Lande als auch im Gebirge nur selten anzutreffen und allenthalben durch einen später zu behandelnden dumpferen Laut vertreten. Doch ist es allgemein vorhanden in ‚nâ‘ nein, ‚állv‘ eilf ‚áŋ‘ (d. i. *âdn*) Egge, mhd. *eide*; ‚âdákʃl‘ Eidechslein. Das erstere Wort giebt Schmeller, b. Wb. I.

---

[1]) Wenn wir von einer geringen, von 1100 zurück merkbaren Modification absehen. Vgl. § 15.

S. 1745 »bayrisch« mit ‚nä·‘ (trotz sonstigem *aə* für mhd. *ei*), nur »ost-
lechisch« mit ‚naə·‘, also in letzterem Falle mit dem dumpferen Laut.
In seinen sechs Beispielen hat er aber nur ‚nä·‘; in seinen »Mundarten
Bayerns« denkt er S. 37 an dieses hohe *a* (*á*) noch nicht. Der Oberösterreicher Stelzhammer hat, neben sonstigem »ai« (d. i. ói· = Schmellers aə),
für »nein« die Schreibung ‚nä‘, z. B. »D'Ahnl« bei Cotta, S. 280; Lindemayr, 1822, hat z. B. S. 125 ‚nä-it‘ (d. i. *na·a*) neben sonstigem *ai*
(d. i. ói· = Schm. aə) für mhd. *ei*; der Oberösterreicher Jungmair. Dichtungen, 1878, schreibt ebenso — neben sonstigem *oa* für mhd. *ei* —
für »nein« stets ‚nä‘, z. B. S. 339. Der Steirer Rosegger, z. B.
Zither und Hackbrett, 1874, S. 15, S. 17, S. 24, hat ‚na‘ = »nein«,
neben sonstigem ‚oa‘ für mhd. *ei*. Auch die Niederösterreicher haben
sonst ‚oa‘ für mhd. ei, aber für »nein« schreibt Misson, dä Naz, 1850,
S. 33, ‚na‘; Hauer, Edelweiss, 1885, z. B. S. 254 ‚na‘; ebenso mein
Dialekt (Roanäd, I. S. 62, S. 373, S. 435, S. 450). Die Wiener
Dichter, wenn sie ländlich schreiben wollen, sind unzuverlässig; Seidl
schreibt (z. B. Flinserln, 1844, S. 126) inconsequent ‚wáss‘ für ‚woass‘;
daher sein ‚nán‘, z. B. S. 216, für uns keine Beweiskraft hat. Dasselbe gilt von Castelli, dem Salon-»Oberösterreicher« Cappilleri, ebenso
von Kartsch. Castelli's ‚nöän‘, z. B. Gedichte, 1852, S. 91, ist gerade
so eine Schwindelform, wie die gar zu bäuerischen Formen ‚Bäm‘
für ‚bâm‘ (Castelli, S. 40), ‚Schböän‘ für ‚pâ·‘ Späne (S. 37) oder
gar Cappilleri's ‚soan‘ für ‚sän‘ (sind, Zeitlichtln², S. 95).

Das zweite Wort ‚állv‘ für »eilf« kann bezüglich des *á* von Un-
kundigen leicht misverstanden werden, indem dieses entweder, der
neuhochdeutschen Schreibung mit *ei*lf zuliebe, als verdorbenes *ai* =
mhd. *î* wie in ‚wäll‘ (*wîl*-), oder aber der neuhochdeutschen Schreibung »elf« zuliebe als Umlaut aufgefasst wird, wie das *ä* in ‚gnämi‘
genehm, ‚häw‘ herbe, oder indem es auf jene Fusion bezogen wird,
durch welche aus ital. *tagliere* unser Teller, dialektisch ‚tällä‘, und
aus dem franz. *faillir* unser »fehlen«, dialektisch ‚fälln‘ entstanden ist.

Solche Schriftbezüge haben indessen den Bauer bei einem
Worte wie ‚állv‘ nicht beeinflussen können; vielmehr ist das *á* ebenso
wie in dem gleichstammigen ‚nä‘ nein, noch aus jener alten Zeit
geblieben, wo überhaupt mhd. *ei* auch auf dem Lande durch hohes
reines *a* vertreten werden konnte.

Rosegger hat in seinem reinen steierischen Bergdialekt ebenfalls ‚alf‘, Zither und Hackbrett, 1874, S. 23; Misson, dä Naz, 1850,

S. 10, hat ‚eilfi‘ (meint ‚ållvi‘, wie »weil«, S. 14, = ‚wåll‘); mein Dialekt hat ‚ållv‘ (R ånåd, I. S. 213). Während aber die Wiener die schriftmässig verkünstelte Form ‚elfi‘ gebrauchen (Seidl, Flinserln 1844, S. 139), scheint anderseits in den oberen Gauen unseres Stammgebietes, in Oberösterreich und Baiern, das ahd. *ei* in eilf den Entwicklungsgang der übrigen ahd. mhd. ei geteilt zu haben: Schmeller, b. Wb.², I. S. 89 kennt nur ‚aͦləf‘ ‚aͦlf‘; citiert auch aus dem Oberösterreicher Kaltenbrunner ‚aͦlif‘ ‚aͦlifi‘; Wagner, Salzburgå Gsångå 1847 hat S. 73 ‚oanláfü‘; bekannt ist aus der Geschichte des Kaisers Max I. das Kirchlein Ainleffen bei Kufstein. Schon ein bairisches, dialektisch geschriebenes Bauernlied (Allg. Zeitung, München, 1886, Nr. 244) aus 1686 hat »aylff« und meint damit nach einer Fussnote Hartmann's: ‚oͤållv‘.

Das Wort ‚åii‘ Egge, mhd. *eide* = *egede*, bringt Schmeller, b. Wb.² I, S. 51. Doch herrscht bei ihm die Aussprache ‚égng‘ (d. i. ĕüĩ), ‚égngͦ‘ (d. i. ĕiĩä) für das Verbum »eggen« (åiiä); und ‚égng‘ ‚éggng‘ (d. i. ĕiĩ, ĕiĩg) für das Substantiv »Egge«. Nur an der Ilm und an anderen Orten habe man noch die Aussprachform: ‚aədn‘ ‚átt‘ ‚áttn‘. Also wol ‚aədn‘ an der Ilm und ‚átt‘ ‚áttn‘ »an anderen Orten«. Diese Aussprache mit *a* = mhd. ei findet sich aber nicht blos in Baiern, sondern auch in Österreich und Steiermark. Mein Dialekt hat ‚åii‘ (»Eiden«), Rånåd I., S. 149 u. S. 373. In Steiermark spricht man meines Wissens südlich bis gegen Gleisdorf ebenfalls ‚åii‘. Im Kärntner Lavantthale (St. Leonhard) begegnet »Egg und Arl« neben sonstigem ‚oa‘ für mhd. *ei* bei Pogatschnigg und Herrmann, II. S. 102.

Das Wort ‚ådåkfl‘ (mit Wucherung ‚ådådråkfl‘) kennt Schmeller, b. Wb.² I. S. 51 nur in der Aussprache ‚Egədécksl‘, Nebf. ‚égəzn‘ ‚igəzn‘. Auch der Oberösterreicher Höfer in seinem »Etym. Wörterb.« und die oberösterreichischen Dichter kennen die Aussprache ‚ådåkfl‘ meines Wissens nicht. In Steiermark ist sie bekannt bis südlich von Graz; in meinem Dialekte ist sie vorhanden (Rånåd, I. S. 373); von den Wienern hat Seidl, »Flinserln« 1844 S. 283 ‚Adåchsl‘; Castelli, Wb. 1847, S. 38 ‚Adaxl‘. Es scheint also das ‚å‘ in diesem Worte mit dem ‚å‘ in obigem ‚ållv‘ (eilf) die gleiche geographische Verbreitung zu haben. — Es braucht nicht erst hervorgehoben zu werden, dass das ‚å‘ mit dem uneigentlichen mhd. *ei* = *ege* (Schrecken) sich deckt.

1*

4

Solche Wörter wie ‚nâ‘ nein, ‚âllv‘ elf, ‚âiì‘ Egge, ‚âdâkſl‘
Eidechse, können nicht erst neuerlich mit fremdartigem, respective städtisch modificiertem Phonetismus in die Mundart gedrungen
sein, da sie entweder so allgemein und häufig sind, dass die eigene
Tradition zu stark ist, oder aber so specifisch ländlich, dass der Stadt-
verkehr dieselben nicht berührt. Solche ‚a‘ sind also echt dialektische
eigene Lautungen selbst in jenen Gaumundarten, die sonst das
alte *ei* in ôâ verschoben haben. Auch würde man, wenn die a-
Lautung gegenüber dem ôâ das Neuere wäre, dies sofort psychisch
unterscheiden: wie man ja auch die vereinzelten städtisch klingenden
Plurale ‚fêſâ‘ ‚khê′tn‘ für ‚fâſâ‘ ‚khâ′tn‘ sofort als Neuerungen empfindet.
Repräsentieren also a und ôâ verschiedene Entwicklungsphasen desselben Lautes, so kann nur a die ältere sein.

Auch verschiedene Ortsnamen sind mit einem solchen alten *a*
(= mhd. *ei*) auf uns gekommen, in Gegenden, die sonst ‚ôâ‘ für
mhd. *ei* sprechen. Jenes bairische *Tagaleihhinga*, welches die Abh.
der bair. Akad. d. Wiss., III Cl., Band XII' S. 276 vor anno 811
nachweisen, lautet heute Taglaching mit hohem *a*; ebenso die in
Berchtesgadener Urkunden von 1146 und c. 1150 als *Truchtlaichingin*
und *Sibenheich* (d. i. -*eich*) erwähnten Orte Truchtlaching und Simach
(B. G.', S. 280 u. S. 302). Der Ort Madstein (mit hohem *a*) bei
St. Michael an der steirischen Liesing erscheint im 1. Band des
steirischen Urkundenbuches zwischen 1073—1179 als *Meizzenstein*,
Maizzinsteine, *Meizinsteine*: allerdings lässt sich bei diesem Namen,
sowie bei *Gleiscowe* (U. St.', S. 507, c. 1240), das heutige Glatzau
bei Kirchbach südöstlich von Graz, streiten, ob ursprünglich *ei* oder *e*
(als Umlaut von a) anzusetzen sei. — In den gemischt-windischen
Gegenden von Untersteiermark und Krain oder Kärnten, wo man
mhd. *ei* überhaupt als hohes *a* zu sprechen pflegt, kann natürlich
Meingozpurh, -purch (U. St.' S. 208, a. 1215 und S. 533, a. 1243),
ferner *Rein* (U. St.' S. 508, a. 1241) gegenüber der heutigen Schreibung
und Aussprache *Mannsberg* und *Rann* nichts entscheiden. Ersteres ist
ein Ort nicht weit von Laibach, letzteres ein solcher südöstlich von
Cilli. Immerhin ist aber schon durch die obigen ersterwähnten
Ortsnamen — die sich noch vermehren liessen — die Behauptung
noch weiter gesichert, dass a für mhd. *ei* auch in jenen Gegenden
dereinst einzutreten begonnen hat, die heute dafür einen dumpferen
Laut (‚ôâ‘ auch ‚oi‘ ‚oai‘ ‚o‘) haben.

§ 3. Es sprechen übrigens auch in ganzen Gauen die Einwohner ohne Ausname, auch die bäuerlichen, dieses *a* für mhd. *ei*; zunächst in den Dialektspielarten an den Rändern unseres gesammten Stammgebietes, den sogenannten »Randdialekten«. Mit diesen können wir uns hier, wo wir endlich einmal die reguläre Entwicklung des bairisch-österreichischen Vocalismus, soweit es uns möglich ist, zeigen wollen, nicht befassen. Die Randdialekte verrathen eine grössere Freiheit des Individuums gegenüber der eigenen Sprache (Mundart) und deren Gesetzen, als dies bei den Centraldialekten der Fall sein kann. Der Bauer, der z. B. bei Gfühl lebt, hört nur die heimische Mundart: durch die immer wieder sich vervielfältigenden Gehörseindrücke werden dieselben so stark, dass er sich unbedingt der Mundart und ihren Gesetzen unterwerfen muss. Der deutsche Bauer von Dellach im kärntischen Gailtale war vielleicht in seiner Jugend ein oder zwei Jahre »auf Wechsel« im Windischen: auch in seinem deutschen Dorfe kann er oft genug Windische im slavischen oder in einem schlechten deutschen Idiome reden hören. Eine ungemein grosse Anzahl von Wiederholungen der heimischen Laute entfällt bei ihm, psychologisch sind dieselben also für ihn keine so zwingende Macht wie für den Bauer bei Gfühl. Er behält eine grössere Freiheit gegenüber den Gesetzen seiner Mundart. Diese Freiheit kann sich in zweierlei Weise bethätigen. Einerseits eilen die Randdialekte der Entwicklung des Gros der Mundart voraus, wie sich im Folgenden noch öfter zeigen wird, anderseits bleiben sie hinter dieser Entwicklung wieder zurück. Letzteres ist wol der Fall bei unserem *a* = mhd. *ei*. [1])

Es wird heute noch allgemein gesprochen in der Iglauer Mundart (Fromman, Die deutschen Mundarten, V. 205); in der Nähe von Marburg und Deutsch-Landsberg in Steiermark, wie mir aus Gonobitz, resp. aus Deutsch-Landsberg über Osterwitz berichtet wird; in Kärnten (Lexer, Kärnth. Wb., XI; Pogatschnigg u. Herrman, Volkslieder; eine Correspondenz an mich aus Glantschach bei St. Veit); im Tiroler Eggenthal, Paznaun, Pusterthal (Fromman, III. 39); in

---

[1]) Wenn nicht vielleicht die Ansiedlungen, welche *a* für ahd. *ei* sprechen, erst in jüngerer Zeit von »herrischen« Elementen, die im Innern des Stammgebietes eher überflüssig wurden als die echten Bauern, colonisirt worden sind. Vgl. § 4. Solche »herrische« Elemente wären etwa das Gefolge eines adeligen Herrn, beschäftigungslose Städter und dgl. gewesen. Oberlehrer Ptelikan schreibt mir aus Deutsch-Landsberg ausdrücklich, die Bewohner von Osterwitz sprächen »herrisch«·

den bairischen Gaudialekten von Vilz, Ober-Nab (Schmeller, M. B.
S. 37); in der Nürnberger Mundart (Grübel, »Sämmtliche Werke«,
III. 230). — Weinhold, b. Gr., § 39.

Aber was sich an den horizontalen Grenzen unserer Mundart
zeigt, scheint sich auch an den verticalen Grenzen, in einzelnen
Punkten wenigstens, zu wiederholen. Die Bauern auf der Gross-
Alm bei Neukirchen am Gmundner See in Oberösterreich, horizontal
genommen fast mitten im Stammgebiete, sprechen ebenfalls nicht ôa,
sondern â für mhd. *ei* (,zwâ' ,klâ'' ,râv' ,trâd' etc. für zwei, klein, Reif, Getreide). So berichtet der dort gebürtige Schottenpriester Dr. Wolfsgruber.

§ 4. Dass auch die conservativen Familien der höheren Gesellschaft hinter dem Entwicklungsgange des Dialektes im Munde
der Bauern lieber zurückblieben und nicht sofort jede »grobe« Änderung — das ôa erscheint noch heute als grob — mitmachten, ist begreiflich, und die Mutter des Kaisers Ferdinand II. schreibt in ihren
Briefen »verwägern« »Lûbach» »man«, der ritterliche Herberstein
schreibt »Znämb« »Män« (*ä* oder *a* = mhd. *ei*, § 8 u. 10) zu
einer Zeit, wo ,oi' oder ,ôa' sonst schon längst für ahd. und mhd. *ei*
herrschend waren. Dem Adel schlossen sich, in bewusstem Gegen-
satze zu den gemeinen Bauern, auch die Handwerker, der Bürger-
stand an, und so galt bald *a* (,zwâ' ,hâs' ,ʼtrâ'n') als das Feinere
gegenüber dem ôa (,zwôa' ,hôas' ſtrôaſn'). Dieses letztere Verhältnis
besteht noch heute: in den Städten spricht man, soweit überhaupt
dort dialektisch geredet wird, das ältere *a*,[1]) auf dem Lande das
jüngere ôa.

Es ist erwähnenswert, dass sich dieses *a* des Stadtdialektes in
den Städten selbst gegenüber der stets frischen Nachwanderung
vom Lande durch einen gewissen Terrorismus behauptet, indem
gerade in den niederen Classen der Stadtbewohner jeder als »dumm«
gebrandmarkt wird, der in der Stadt sein ländliches ôa noch beibehalten wollte. Auch wir Schulkinder von Natschbach, die wir
die Marktschule in Neunkirchen (Niederösterreich) besuchten, mussten
dort vor unseren »herrischen« Kameraden ,âns' ,zwâ' ,hâs' statt
,ôas' ,zwôa' ,hôas' sagen. Zu Hause vor den Eltern aber hätten
wir uns geschämt, wenn ihnen diese Verläugnung unseres angebo-
renen Dialektes bekannt geworden wäre, obwol sie es zu ihrer Zeit
kaum anders getrieben hatten. Die nachwachsende Jugend bleibt

---

[1]) Nicht bloss vor *m*, *n*, *ß*, wie Weinhold, b. Gr. § 65, S. 72, gerne ein-
schränken möchte, sondern überall.

trotz alledem wieder beim ôà. [1]) In Wien war ich oft erstaunt über die Naivetät oberösterreichischer Studenten, welche ganz ungeniert ihr heimisches ôà vor den Wiener Collegen zum besten gaben. In St. Pölten und Linz hört man das ôà auf der Gasse häufig; in Graz ist es etwas ganz Gewöhnliches. Und neuerlich staunte ich erst recht in Neunkirchen selbst, als ich in einem Vororte des Marktes die einst so verpönten ôà von einheimischen Marktkindern vernam. Das *a* scheint einerseits gegen die schriftmässige Lautung *ai* (ei), anderseits gegen das ländliche ôà an Gebiet stetig zu verlieren.[2])

§ 5. Haben wir nun beiläufig die räumlichen Grenzen angegeben, innerhalb deren sich das ältere *a* = mhd. *ei* festgesetzt, so erübrigt noch eine Beispielsammlung aus heutigen Formen mit solchem *a*. Wir entnemen dieselben, da die paar ländlichen Beispiele schon oben angeführt sind, dem bairisch-österreichischen Stadtdialekte.

,â' Ei (auch ›Eier‹ [sing.!] in übler Auslegung des bäur. ,ôà' als ,ôà-à'); ,zwâ' zwei; ,brâd' breit; ,brâtn' breiten swv.; ,hâd' Haide; ,hâs' heiss; ,hâʃà' heisser; ,wâs' weiss; ,i schwâb' (älter ,schwâw') spüle, schwemme; ,schlâp'm' Schlaipfe, Nachtschuh: ,sâ!' Seife; ,schwâr' Schweif; ,lâwl' Laibchen (Brotes); ,nâgl' Neig-lein; ,hâgl' heikel; ,wâkŋ' weichen; ,sâchŋ' pissen; ,tâch' Teig; ,lâm' Lehm; ,hâm' heim; ,mânà' meinen; ,i mâ' ,i mân' ich meine; ,ftâ' Stein; ,bâ' Bein; ,nâ' nein; ,fâj' ,fâll' feil; ,hâlln' heilen; ,sâll' Seil; ,mâhôvà' Maierhofer; da der Plural von ,â' Ei nach Rôanàd, I. (S. 55, V. 38 ,hâp-'m') mit dem Singular zusammenfallen müsste, wie im ländlichen ôà, so wurde der hochdeutsche Plural ›Eier‹ (,aïà') vorgezogen, der aber, durch Analogie mit dem bäuerischen ôà, nun ebenfalls für den Singular eingerissen ist. Für mhd. *ei* aus *age*, *ege* steht ebenfalls *a*: ,trâd' Getreide; ,gjât' Gejägde, Jagd, Hetze; ,mâ'l' Mägdlein, Mädchen (wo *d* so wenig ein blosser Umlaut ist, wie das *d* in ,âdâkʃl', oben § 2); ,Mâ'hôat' Eigenname Manhardt.

---

[1]) Ich erinnere mich aus meinen orientalischen Sprachstudien an der Wiener Universität an eine auf Eigenerfahrung beruhende Bemerkung des Prof. Dr. Wilh. Neumann, dass die alten samaritanischen Familien in Palästina samaritanisch nur im häuslichen Verkehre, mit jedem Fremden aber arabisch sprechen.

[2]) Scheint sich aber dafür über die Städte fremdnachbarlicher Dialektgebiete besonders unserer Monarchie, auszudehnen. Lehrer J. Flöry in Neunkirchen, ein Vorarlberger, theilt mir mit, dass in Bludenz — also auf alemannischem Gebiete — ,zwâ' gesprochen werde, landeinwärts aber gegen Montafon allmählich ,swa'' und ,awē', ebenso auf der andern Seite von Bludenz gegen Feldkirch ,zwa''.

Man ersieht aus diesen Beispielen, dass dem *a* nur eine physio-
logisch-akustische Qualität, aber keine eigene Quantität innewohnt:
es schmiegt sich der Quantität des folgenden Consonanten an; ist derselbe hart (scharf), so klingt auch *a* kurz und energisch (*á*), sonst
stets breit (*å*). Was daher in gelehrten Büchern von Kürzung und
Dehnung des *a* (= mhd. *ei*) gesagt wird, kann als überflüssig ganz
unterbleiben. Mit Unrecht erteilt Weinhold, b. Gr. § 7, dem »tonlosen Artikel *a*, *ar*, *an*« ein solches gekürztes *a*; es sollte mit dem ä
(Schm. ə) geschrieben sein, das im Röänäd, I. S. 449, § 41 bis 43
behandelt ist. Ebenso das ‚kä‘‘ (kein) der Oberösterreicher. Hingegen
ist im städtischen ‚kâ‘‘ echtes *á*, aber die »Kürzung« Weinholds ist
hier gar nicht, ausser in sehr schneller Rede, eingetreten.

§ 6. Da in der bairisch-österreichischen Mundart das hohe *a*
in gewissen Fällen selbst Umlautsgeltung hat, wie wir später sehen
werden, so kann es nicht anderseits als Grundlaut einen weiteren
Umlaut postulieren. Der echte Comparativ von ‚klâ‘‘ lautet in Wien
‚klänä‘, von ‚hås‘ ‚håfä‘, von ‚brâd‘ ‚brädä‘. Ein Blick auf meine Vocal-
tafel (Röänäd, I. S. 11) zeigt, dass ‚â‘ nicht Grundlaut eines Umlautes
sein kann. Allerdings empfindet das Sprachgefühl, welches an den
Umlaut im Comparativ gewohnt ist und speciell im Wiener Dialekt
activ analoge Umlautsbildungen im Comparativ (»dünkler«, »früher«,
»gesünder«) bevorzugt, den Mangel einer Veränderung des Grund-
lautes in ‚klänä‘ ‚håfä‘ ‚brädä‘ etc. als Leere; und weil der Land-
dialekt mit seinem Verhältnisse ‚klöä‘: ‚kleänä‘, ‚höäs‘: ‚hiäfä‘, ‚bröäd‘:
‚breädä‘ dem Ohre des Städters oft gegenwärtig war und ist, so drang
der Comparativ des Landdialektes in die städtische Mundart ein,
ohne dass auch der Positiv mit dem dumpfen, »groben« öä vom Städter
acceptiert worden wäre. Weinhold ist daher (b. Gr., § 41, S. 54
und § 75, S. 78) im Irrtum, wenn er das eä als Umlaut direct aus
dem *á* herausdeuteln will. Umsonst beruft er sich § 13, S. 37 auf das
‚klänner‘ der Nürnberger Mundart, denn schon der Steirer Herberstein schreibt in der Mitte des XVI. Jahrhunderts »kliener« (d. i.
‚kleänä‘ wie »dienn« d. i. ‚deän‘ dienen), sicher ohne Beeinflussung
durch das Nürnbergische. Wie nürnbergisch »nemmends« = niemand (Weinh., § 13) beweist, ist dort nur das nachschlagende ä
(ə) in dem Diphtong eä — der vor Resonanten sonst dem mhd. *ie*
entspricht, in ‚kleänä‘ aber dialektischer Umlaut von öä (‚klöä‘)
ist — unterdrückt worden. Der Comparativ ‚kleänä‘ ist, wo er in
sprachlichen Denkmälern erscheint, ein Beweis, dass im Bauern-

dialekt zur Zeit der Ausfertigung derselben schon der Positiv ‚klöǎ‘‘
gesprochen wurde; denn erst dem ‚ȯä‘ verdankt ‚ěä‘ sein Dasein
(s. Voc. ‚ěä‘).

Die nördlichen Randdialekte haben noch die analogen Bildun-
gen ‚brǎd‘: ‚brèder‘ (Weinh., § 45, S. 47) und ‚old‘: ‚ålder‘ (Weinh.,
§ 22, S. 38). Letztere Form zeigt, dass hier Analogiewirkungen
vorliegen, da sie ja historisch unbegründet ist: å ist doch nirgends
der Umlaut eines ahd. mhd. a. Ein Einfluss auf das Centralgebiet
der Stammundart ist aber von diesen randdialektischen Fällen aus
nicht anzunehmen.

§ 7. Die bisherigen Erörterungen über die Verbreitung des
â für altes ei waren notwendig, um die Basis zu gewinnen für das
Verständnis der Andeutungen, welche die schriftliche Überlieferung
früherer Jahrhunderte über die Aussprache dieses Vocales giebt.

Die Orthographie schwankt selbst in den neuen Dialektschriften.
Misson, »dâ Nâz«, schreibt nämlich, wie wir gesehen, das »na« (‚nâ‘)
mit a; aber auch das dumpfe a in »Vater« mit ganz dem selben
Zeichen: es bleibt dem Leser überlassen, die richtige Aussprache zu
— wissen. Die Orthographie der Ortsnamen begeht die gleiche Ungenauigkeit in Hunderten von Fällen; ein Beispiel dafür ist gleich das
oben erwähnte Taglaching (§ 2). Auf meine schriftliche Anfrage beim
Gemeindeamte in Rattenberg (spr. Râdnbèäch), Post Zeltweg nördlich von
Judenburg in Steiermark, wie der Ort von den »echten alten Bauern«
ausgesprochen werde, ob mit feinem oder grobem a, erhielt ich die
Auskunft vom »Ortsvorstand«, »das sich der Ort Rattenberg mit a
nemlich Rattenberg zu schreiben ist«. Für mich noch immer
deutlich genug. — Andere Dialektschriftsteller schreiben a für den
reinen, hohen a-Laut, o für den verdumpften; so Rosegger und
Schlinkert (in seinem »Grossen Bauernkalender«); Castelli, Mareta u. a.
wählen für das reine a das Zeichen a, für das verdumpfte das Zeichen å.
Noch andere bezeichnen nach uraltem deutschen und späterhin ungarischen Vorgang das hohe reine a mit á, das tiefe o-ähnliche oder
o-gleiche mit a. Hieher gehören die meisten der neueren Dialektdichter: Stelzhammer, Kaltenbrunner, Jungmair, Seidl u. s. w. Die
ältesten bekannten österreichischen Dialektdichter, P. Maurus Lindemayr von Lambach und P. Leopold Koppelhuber von Kremsmünster,
schrieben nach der österreichischen Orthographie ihrer Zeit ä für
das hohe, a für das dumpfe a: dieselbe Schreibung zeigt schon das
Dialektlied von der Befreiung Ofens 1686. Vgl. die §§ 22—25.

§ 8. Wir sind demnach gezwungen, dem Zeichen *ä*, welches in der heutigen und vielleicht auch in der älteren Schrift, wenigstens bei anderen Stämmen, einen e-Laut bezeichnen will, ein Unrecht zu thun. Wir müssen es vorläufig als reines *a* auffassen. »Der Herausgeber« von Lindemayrs »Dichtungen« (Linz, 1822) gründet seine Schreibart auf eine alte Übung des Landes, wornach, wie es so vielen Männern noch erinnerlich seyn muss, ... »jeder obderennsische Dorfschulmeister das unbezeichnete *a* durchaus ... dumpf auszusprechen gelehret hat:« weiter wird bemerkt, »dass so viele alte Bürger und sogar Geschäftsmänner ... das hoch oder hochdeutsch auszusprechende *a* auf gleiche Art oben zu bezeichnen pflegen«, nämlich mit *å̂*, *å*. (Eine ähnliche mündliche Tradition, dass nämlich die Dorfschulmeister der »alten Zeit«, d. i. etwa noch Ende des vorigen Jahrhunderts, die Schriftzeichen dialektisch, speciell das *ai* als *ôa* lesen lehrten, habe ich über den mütterlichen Grossvater von meiner Mutter überkommen.) In alten Kalendern von der Mitte des vorigen und Anfang des jetzigen Jahrhunderts finde ich *Jänuäry*, *Februäry* geschrieben, wo doch nur das hohe *a* des lateinischen Januarius, Februarius gemeint war.

Wir werden an späteren Stellen unserer Abhandlung nachweisen, dass jeder der verschiedenen Laute, die im Dialekte unter dem hohen *a* zusammenfallen, in den Schriftwerken abwechselnd mit *ä*, *å*, selbst *e* und *ei* (nebst *a*) geschrieben worden ist. Hier müssen wir uns nun wieder auf das reine *a* = mhd. *ei* beschränken.

§ 9. Die ländlichen Dialektdichter schreiben, wie aus § 2 folgt, diesen Laut nur noch in ganz vereinzelten Fällen (mit *a*, *å*, *ä*); sonst haben sie regelmässig ein dumpfes *ôa* oder das gleichbedeutende Zeichen *ai*. In den Städten haben wir hohes *a* für alle mhd. *ei* gefunden (§ 4). Dieses heute noch giltige Verhältnis kann im XVIII. Jahrhundert kein anderes gewesen sein, da ja die neuere Dialektdichtung mit erklecklichen Schriftwerken in jene Zeit noch zurückreicht, anderseits aus dem XVII. Jahrhundert entscheidende Belege für die Giltigkeit desselben Verhältnisses vorliegen. Denn das erwähnte absichtlich bäuerische Lied von der Einname Ofens (E. O.) aus dem Jahre 1686 bezeichnet das hohe *a* sonst durchaus mit *ä*: aber die mhd. *ei* werden mit *ai*, *ay* geschrieben. Also haben die Bauern damals, im Ganzen wenigstens, nicht »*a*‹ für mhd. *ei* gesprochen. Und dennoch begegnen wir der Schreibung *å* (d. i. hohes *a*) für mhd. *ei* in den Weistümern und Denkmälern derselben Zeit: ein Beweis, dass die Schreibenden, also die bessere Classe der Gesellschaft (die

»Herrischen«), diesen hohen *a*-Laut für mhd. *ei* festhielten. So
erscheint bei Bischoff und Schönbach (Öst. Weistümer, VI. S. 355)
die Schreibung »Wassersaag« (mhd. *wazzerseige*) in einer Nummer aus
dem XVII. Jahrhundert fünfmal; S. 78 vom Jahre 1665 »waßersag«;
S. 256, vom Jahre 1629, steht »wassersig«, entweder aus Versehen
oder weil der Schreiber sich des Wortes *saige* (= Urin) schämte
und eine andere Lesung vorzog. Dass mit *a* nur hohes *a* gemeint
war, beweist die 1607 vorkommende Schreibung »wassersåg« (zweimal bei G. Winter, Ö. W.', S. 307).

Eine besondere Erwähnung verdient das Hausbuch der Frau
Elisabet Stampferin, einer gebornen Grazerin aus der Familie
Dellatorre, Gemahlin des Guts- und Bergwerksbesitzers Hans Adam
Stampfer; dieselbe ist 1700 gestorben (Rosegger's »Heimgarten«,
XIV. S. 448 ff). Einer eingewanderten Familie entsprossend, in einer
grösseren Stadt geboren, vermöglich und ihrem Stande nach den
gewöhnlichen Bauer überragend, redete sie zwar dialektisch, aber
»herrisch«, mit unserm ‚a' (geschr. *ä*) für mhd. *ei*. Die Bauernaussprache
war ihr aber selbstverständlich nicht fremd. Ihre Schreibung liefert für
diese meine Behauptungen die Beweise. Wie sie in feierlicher An-
wandlung von der heiligen »Daufe« redet, während sie sonst ‚dåfft'
für »getauft« schreibt (S. 451 u. 456), wie sie das ordinäre ‚auß'
und ‚abi' (= auf-hin, ab-hin) in feiner seinsollendes »aufe« und »abe«
verbessert (S. 453 u. 455), so schreibt sie auch nicht bäurisches *oä*
für mhd. *ei*, sondern etlichemale ganz vornem schriftmässig »Zwäy«,
»Khlagkläit« (S. 450), wo das *ä* auf die reine Schulaussprache *ai* dringt,
während vor *m, n* in »ainig« (S. 451) »khlain« (449 u. 451) »haimb-
gesuecht« (S. 457 u. 451) die Schreibung auch dumpferes *ai* oder *oi*
zuliesse. Gewöhnlich schreibt sie aber in »herrischem« Dialekt das mhd.
ei mit *ä* (= hohem *a*). So neben »Änl« (Anna, S. 457) oder »Wäberl«
(S. 456) oder »däfft« (S. 456), wo andere hohe *a* gemeint sind, auch
»Pürfierst« »Khäser« »Khäserin« für Baierfürst, K*ai*ser, K*ai*serin (S. 619,
1685), »berätthen« = ber*ei*ten, zweimal »Däll« = T*ei*l (S. 457, 1680),
»Lackhmär« = Lackmaier, »hämb« = heim, »gerääst« = gereist (S. 456,
1680), »Fräß« = Fr*ei*ß, zweimal »hämb« = heim, »wäß« = weiss (scio),
»Holzmästerheisl« = Holzmeisterhäus'chen (S. 455, 1680), »lättige« =
leidige (S. 454, 1680), »mittält« = mitgetheilt, »vermähnt« = verm*ei*nt
(S. 454, 1679), »Mähr«, »Muermähr« »Mährvolk« »Märin« von M*ai*er,
zweimal »gehäßen« »hüßen« = geheissen, »wäß« = weiss, »Fräß« =
Freiß (S. 453, 1679), »gemäne« = gemeine, vulgares (S. 452, 1679),

»Dall« = Teil (S. 452, 1665), »länst« »länn« = lehnen, mhd. leinen, »wünen« = weinen (S. 452, 1666), »hämb« = hein, »prätt« = breit (S. 451, 1668). »Ingewüth« (S. 449, 1669). Hervorgehoben sei hier noch »Katthdär« = Katarrh (S. 454, 1679), dessen erstes ungestricheltes *a* Kenntnis des dumpferen ôa im bäurischen ‚Khôadâ‘ verräth. Vgl. dasselbe Wort § 10.

Das mhd. *reide*, Drehung, dialektisch ‚rôadln‘ schnüren, erscheint in der Chronik der Wiedertäufer (W.) S. 383, a. 1630, in der Form »gerädelt«, sonst etliche Male geraidelt. In demselben Buche finden wir auch »bärisch Gräz« (bairisch Graz — in Steierm.). In den Ö. W.⁸ S. 98, a. 1675, finden wir den Plur. »zaan« (vom mhd. stn. zein, Schlinge) und zum Erweis, dass das *aa* ein hohes ist, S. 73 a. 1606 aus der Gegend von Krieglach ein »fürzänen« (= mhd. vürzeinen, dialektisch ‚füaz̄ārln‘ ganz klein vorgeben, austeilen). In Ö. W.⁷ S. 307 finden wir neben *fravel* und *frävel* (also *a* und *ä* für hohes a!) auch »Schadwien« = Scheidewien (Schottwien). Dass die »Herren« nicht mit dem bäuerischen ôa, sondern dem feineren ‚a‘ das aussprachen, was sich auf Amt und Edelvergnügen bezog, ist umsomehr begreiflich. Aus Reun, XVII. Jahrhundert, haben wir die Schreibung »gejädthof« (Ö. W.⁸ S. 368), aus Milstatt in Kärnten — trotz ausnamsloser sonstiger Schrift-*ai* für mhd. *ei*, was bei der Neigung der Kärntner Bauern zum *a* für *ei* auffällt, — einen Plural »gejäder« S. 493, a. 1608. Ein »Freigjadt« begegnet 1643, Ö. W.⁷, S. 25. Die mhd. Schreibung gejeit hat sich in »gejait«, Ö. W.⁸ S. 126, a. 1618 (Hartberg) erhalten. Bauerndial. ‚gjôat‘. Die Schreibung »Pantäding« für mhd. *banteiding* ist so allgemein, dass wir nur Ö. W.⁶ S. 489, 1608 (Milstatt) »pantäding« und S. 356, XVI. und XVII. Jahrhundert (Peggau) »panthäding« neben jährlichen, gärten etc. hervorheben, zum Beweis, dass es gleich dem Umlauts-*ä* mit hohem *a* gesprochen wurde (s. unten §. 36 ff.).

Im übrigen ist auch in den angezogenen Urkunden der Unterschied zwischen den Schreibungen *ä* (= mhd. *e*, Umlaut von *a*) und *ai* (= mhd. *ei*) ziemlich consequent eingehalten, und man möchte fast glauben, dass die besseren Stände des XVII. Jahrh. auch im mündlichen Verkehre ebenso gut zwischen beiden Lauten unterschieden haben, wie wir dies aus dem Bauernliede von 1686 (E. O.) betreffs der Bauern wissen. Allein jener Schreibunterschied war nur eine traditionelle Kanzleiübung, die eben nur auf dem Papiere lebte. In Wirklichkeit sprachen die »Herrischen« das hohe *a* sowol für das Umlauts-*ä* als für das mhd. *ei*; der Unterschied zwischen beiden Lauten war ihnen ungeläufig geworden, trotzdem sie fortwährend den Bauerndialekt hörten, der denselben einhielt. Kein Wunder also, dass sie in dem Bestreben, die alten *ei* in der Schrift herzustellen, oft zu weit giengen und gelegentlich auch ein hohes Umlauts-*a* unter ihre reconstruierten *ai* steckten. So bietet die Dorfordnung zu Gamlitz bei Ehrenhausen (Ö. W.⁶ a. 1629), welche sonst richtig »ha*i*mbigen« »pfa*i*ten« »gema*i*n«, selbst »ha*i*ligen« von »pestätten« »nächtlicher« unterscheidet S. 380, ein ungeheuerliches »Ba*i*rthlmai«, als ob das herrische ‚Ba*i*dlma*i*‘ sein *a* auf *ai, ei* zurückführen könnte! Ebenda ein »la*i*st« = lässt, als ob das uns noch bei Lindemayr, Dichtungen z. B. S. 75 (lässt, *ä* = *a*) erhaltene dialektische ‚lasst‘ ein mhd. *ei* im Bauche hätte! Ebenda »unnachla*i*sig« (= unerlässlich) gegenüber dem noch heute üblichen ‚nôula*i*ʲi = nachlässig. — Von »Tropfen« bildet der Dialekt, sowol der »herrische« als der bäurische, einen unechten Umlaut mit hohem *a*: ‚a*i*trä*p*fti süpm eingetropfte Suppe. Daher auch »Dachträpfen« Ö. W.⁶ 1662, S. 174 (Passail) oder »dachträpf« ebenda, XVII. Jhdt. S. 179. Dieses »Dachträpf-e« mit ä (= ‚a‘) statt *ö* vergleicht sich dem ‚wartlu‘ mit hohem *a* = wortwechseln, ‚Flassl‘ = Flössel, Schleuse u. dgl. Aber Ö. W.⁶ S. 367, a. 1629 (Gamlitz) lesen wir »ḑachtra*i*f«³) in einer Urkunde, die sonst recht gut zwischen »Gaisstall« »stainerisch« etc. einerseits, und »schätzung« »Grätwein« »raufhändl« anderseits unterscheidet.

Obwol, wie uns diese Schreibfehler zeigen, die »Herrischen« des XVII. Jahrhunderts hohes *a* unterschiedslos für Umlauts-*ä* und mhd. *ei* sprachen, so durften sie doch den Bauerndialekt nicht ganz ignorieren, ja sie brauchten ihn, um die orthographische Tradition welche die beiden Laute auseinanderhielt, sich leichter anzueignen, — eine Art Abhängigkeitsverhältnis. Dabei konnte sogar eine bequeme Form des Landdialektes auch bei den »Herrischen« Eingabe finden: so die Steigerungsformen ‚kle*ä*nä‘ (vgl. oben §. 6) ‚kle*ä*ntf‘ und kle*ä*näft‘, welche aber, wie ‚de*ä*nä‘ zu »Diener«, in der Orthographie in »kliener« »klienest« aufgeputzt werden mussten. Der bäurische Positiv ‚klo*ä*‘ mit ôa⁻ blieb aber ausgeschlossen. So lesen wir Ö. W.⁶ S. 378f. »klienesten« »kliensten«, neben sonstigem »klain«.

³) Dieses *ai* glaubten die »Herrischen« für hohes ‚a‘ ihrer Mundart schreiben zu müssen, wie sie ja auch »zwai« für ihr ‚zwâ‘ schrieben. Eine Deutung auf mhd. *dachtröufe* ist erstens ungerechtfertigt, zweitens unnütz, da dieses *öu* vor *f* ebenfalls wie hohes ‚a‘ gesprochen wurde. S. unten.

Wenn ich hier für das XVII. Jahrhundert vorherrschend österreichische Urkunden berücksichtigte, so geschah dies nicht etwa, weil die bairischen etwas anderes lehren. Der Hauptstock des Dialektgebietes ist sich überall gleich geblieben. Aber weil einerseits im XVII. Jahrhundert die Belege allseits noch sehr reichliche sind, andererseits für dieses Jahrhundert allfällige Zweifel über den Bestand der heutigen Verhältnisse geringer sind als bei den früheren Jahrhunderten, so begnügen wir uns mit Obigem und wenden uns dem nächstvorhergehenden Jahrhunderte zu.

§ 10. An der Scheide des XVII. u. XVI. Jahrhunderts stossen wir zu allernächst auf die »Wittelsbacher Briefe« aus den Jahren 1590—1610. Unter diesen sind wol die Briefe der Erzherzogin Maria von Steiermark, Schwester des Baiernherzogs Wilhelm V. und Mutter des Kaisers Ferdinand II., für uns die wichtigsten. Diese Frau, echt von unserer Stammesart als Weib wie als Mutter, spricht und schreibt, wie ihr der bairische Mund gewachsen ist. Zimperlich ist sie nicht. Zwar gebraucht sie auch — zum Unterschiede von den Bauern — gleich ihrer Umgebung, in der sie aufgewachsen, das hohe *a* für mhd. *ei*, wie wir aus »verwäigern« (= verw*ei*gern, Sti. XVIII. S. 176, a. 1596) schon oben ersahen. Aussergewöhnlich charakteristisch ist ihr »cäder« für Katarrh (Sti. XVII. S. 424, 1590), mit dem Stieve sich so schlecht zu helfen weiss. Der »herrische« Dialekt hat nämlich ‚khádá‘ (◡▬▬), wo die zwei hohen *a* freilich weder einen Umlaut noch ein altes *ei* vorstellen, sondern einfach die beibehaltenen fremden *a* sind. Aber dass Maria die beiden »herrisch« gleichlautenden Vocale schriftlich in *ä* und *e* scheidet, ist von Bedeutung. Dass der gleichzeitige Bauerndialekt bereits *ố{a}* (= mhd. *ei*) und *o* (= mhd. *e*) unterschied, wissen wir(s. Vocal ố{a}); nun pflegt er seine Fremdwörter erst aus dem »herrischen« Dialekt zu übernehmen, dessen *a* er sich hierbei mitunter fälschlich in sein ố{a} umdeutet: italienisch ‚*spasso*‘ Spass, herrisch ‚gípâs‘, bäurisch ‚gípố{a}s‘; besonders greift dieser Irrtum in vortonigen Silben Platz: Canone, herrisch ‚Khanon‘ (◡ ▬◡), bäurisch ‚khố{a}naún‘; ebenso unser herrischer ‚khádá‘‘, bäurisch ‚khố{a}dár‘ (◡ ▬▬). Bei der oben erwähnten Abhängigkeit des »herrischen« Dialekts glaubte Maria diesen Unterschied der beiden Bauernvocale mit *ä* (wie sonst öfter für echtes bäurisches ố{a}) und *e* (für das Umlauts-*a*) fixieren zu sollen. — Ihr »Läbach« für Laibach (Sti. XVIII. S. 503, a. 1537) weist analog auf bäurisches ‚Lố{a}wä‘ ‚Lố{a}baoch‘.

In Loabâch und in Dres'n
und in Botzn kânn i sâg'n
is koan so schöne Schwoag'rin
und de muass ih noh hâb'n.

Siehe Ziska u. Schottky, Österr. Volkslieder, S. 85. Doch ist dieses ôâ in ‚Lôaboch' kein echtes (= mhd. *ei*); es wurde dem Kern des Stammes durch einen Randdialekt übermittelt, der — gleich dem »herrischen« Dialekt (§ 3) — hohes *a* sowol für altes *ei* als auch noch für andere Laute sprach. Diesmal war aber das *a* aus »Lâubach« »Laubach« ‚Lâwä-' zu erklären, wie die alte Form *Lubigana* (U. St.[1] Index) uns räth: *Laubigan, Läubgan, Lâub-â* und (Rôânäd I. S. 133 V. 164 ‚lâw') ‚Lâwä', falsch reconstruiert Laibach.

In dem ironischen »ich ‚man', man spar« der Erzh. Maria (ich meine, man spar' = ich glaub's wie man spart. Sti. XVII. S. 446, a. 1591) ist das *a*, gegen ihre sonstige Übung beim hohen *a*, nicht mit dem Umlautszeichen versehen; es bleibt ein Zweifel offen, ob es wirklich das »herrische« hohe *a* oder eine bäurische Verdumpfung ·ist. Dasselbe gilt vom *a* im Worte »saugeiat« Ferdinand's (Sti. XVII. S. 474, a. 1592). Aber in »Stingalhaiem« (= Stingelheim) in einem Briefe Herzog Philipps von Baiern ist sicher n i c h t das »herrische« hohe *a* mit dem *aie* gemeint, sondern ein gröberer bäuerischer Laut. Und wenn Maria (Sti. XVII. S. 454, a. 1591) »verklinerung« d. i. »verklienerung« — wie S. 453 sogar »pissen« statt »pflessen« — schreibt, so beweist sie, dass ihr der Comparativ ‚klêänä' kleiner, der zum bäurischen Positiv ‚klôä-' gehört, geläufig ist. Maria und ihre Angehörigen in Baiern hielten sich also nicht so genau an das »herrische« *a*, es war ihnen auch der dumpfere Bauernlaut nicht ungeläufig, — ein Redebrauch, wie wir ihn etwa bei dem Wiener Dichter J. G. Seidl wiederfinden.

Die Schreibung »Behamkirchen«, die in einem Necrologium (N. P., S. 560) a. 1594 für Beheimkirchen bei St. Pölten in Nieder-Österreich vorkommt, lässt das hohe *a* zweifelhaft; hingegen deuten vor 1592 die Formen der Wiedertäufer-Chronik »sträffet« »geträfft« »einen sträff« (Stamm *streif-*, dial. ‚ſtrôaf-') das hohe *a* zweifellos an, ebenso wie die St. Lambrechter Formen »Gejadt« gleich neben »gejädt« oder »Reyßgejädt« neben »reyßgejadt« (XVI. Jahrh. Ö. W.[6] S. 236); »gejäd« zweimal (Ö. W.[7] S. 322) a. 1540. Die gleichzeitigen Formen »gejaigt« Ö.W.[8] S. 51, »gejaidt« S. 55, »gejaigt« und »gejaid« S. 56, »gejaid« S. 61, »gejagt« S. 11 »gejait« S. 26, »gejaid« (a. 1524) S. 540

folgen eben der Kanzleitradition, nicht der lebenden Aussprache;
kaum wollen sie mit *ai* ein bäurisches *ôä* direct bezeichnen. — Die
schon oben beim XVII. Jahrh. erwähnte Schreibung ›wassersäg‹ für
mhd. *wazzerseige* kommt nicht weniger als eilfmal, nebst zweimaligem ›panthäding‹, in einer steirischen Urkunde des Jahres 1576
vor (Ö. W.⁶, S. 359), die sonst regelmässig ›jährlichen‹ ›nämb-
lichen‹ mit *ä* Wörtern wie ›zwai‹ ›zaigen‹ ›wegschaid‹ mit *ai* gegen-
übergestellt. Auch schon 1540 wechselt ›wassersag‹ (Ö. W.⁷, S. 317)
mit ›wassersig‹ ›wassersieg‹ in einem Weistum, das auch ›Schatwienn‹
›Schadtwien‹ (angebl. = Schaidewienne 1266, heute aber Schottwien
dial. ‚Schodwÿän‘ ↗↘) und ›pantäding‹ ›Geiädpüchl› (neben ›püchl‹
›kämen‹) schreibt, also hohes *a* für altes *ei* meint.

Bei dem Eigennamen *Meingoz* aus (*Megingoz*), der uns in
bairischen Denkmälern 1573 noch als ›Mängas‹ (Chr. 507), aber
auch schon als ›Menges‹ (Chr. 470) und abgeschrieben aus einer
Urkunde von 1400 (Chr. 463), als ›Mengas‹ unterläuft, begegnen
wir zuerst dem *e* statt des *ä* in der Bezeichnung des hohen *a*-Lautes
für mhd. *ei*. Denn wir müssen dabei bleiben, dass vorläufig auch'
dieses *e* noch wie hohes *a* zu lesen sei, da wir gleiches bei dem
gleichzeitigen hohen Umlauts-*a* werden annemen müssen. Aus derselben bairischen Quelle entnehme ich auch die 1573 (Chr. 467, aus
einem Originale von a. 1400) auftretende Form ›hertigkait‹ für ›angeblich‹ (scilicet), dial. heute ‚gúatikhá‘ (↗‿‿↘). Das letztere ‚khâ‘ hat
ein hohes *a* auch bei den Bauern, und ist eine Verstümmlung von altem
‚kaede‘ (Schm. b. Wb.² I. S. 1225), indem das *d* verschwindet wie
in oberösterreichischem ›rö‹ (ich rede); enthält also ein ursprüngliches *œ*,
das auch 1573 nur als hohes *a* lauten konnte, ob es gleich mit *ai*
geschrieben erscheint. Diese Verwechslung beweist aber, dass auch
echtes *ai* wie *a* gesprochen wurde.¹)

Sehr viele Belege liefert in österreichischen Schriften wieder
das Wort ›[Pan]tayding‹. Während es nämlich oft mit *ay, ai* geschrieben

¹) Die Betonung des heutigen *gúatikhá* wechselt zwischen ↗↘ und ↘↗.
Also ist die letztere Betonung, als die regelmässige, auch von Anfang an als die
einzig massgebliche zu betrachten: denn das **Prädicat** hat den Hochton. Es hat
eine Zeit gegeben, wo die unbetonten Silben und deren Schwächungen verbreiteter
waren als heute; damals wurde wegen ↘↗ aus mhd. *got dir kœde* ein dial.
gútikhá(d); das erste *ä* aus Unverständnis mit *tút* reconstruiert, ergiebt *gúatikhá(d)*;
den ersten Wortbestandteil noch vor der Kürzung des Stammvocals aus Andacht
(*statt* ›Gott‹) durch ›Herr‹ ersetzt, ergab ›Hertigkeit‹ ›Herrigkeit‹ und ›hörigkeit‹.

erscheint a. 1560 (Ar. 25, S. 78 ff.), zeigt es durch die fünfmalige Form »Panthäding« neben »Märkt« »Ebenmässig« »bestätten« in einer Schrift von 1563 (Ar. 25, S. 40), oder durch die Form »panntäding« 1540 (Ö. W.⁷ S. 320) neben »wälld« »wär« »gätter«, dass jenes *ay* die gleichzeitige Aussprache mit hohem *a* nicht ausschliesst. Ähnlich in bairischen Denkmälern, in welchen aber die Schreibung *e*[1]) für hohes *a* je weiter zurück, desto häufiger auftaucht: 1573 (aus einem Original von 1400) noch »täding« (Chr. S. 473), c. 1548 »beteydingt« (S. 85), »betedingt« (S. 89), «tedingen« (S. 47) und »vertedigen« (S. 27). Es versteht sich wol von selbst, dass der Stammvocal nicht wirklich ein solches Chamäleon war wie das Schriftbild; dass binnen einem halben Jahrhundert nur die Zeichen *ay, ey, ä* und *e* ganz willkürlich gewechselt wurden, dass aber stets derselbe Laut — ein hohes *a* — gemeint war. Österreichisches »Täding« »tädinng« begegnet 1504 (Ar. 25, S. 66), »Bantading« »bandädig« anfangs des XVI. Jahrhunderts (Ö. W.⁷ S. 292); »pandading« (ebenda S. 31) in einem Weistum, das auch »äeren« für dial. ‚än‘ mhd. *eide*, Egge, bringt: dieses *äe* (= hohem *a*) ist jedoch nicht blos herrisch, sondern noch bis heute auch bäuerisch (§. 2). — Der steirische Edelmann Herberstein schreibt (He. S. 279) »Znäemb« für Zn*ai*m, welches slavisch und damals auch bäuerisch mit *oi* gelautet hat (s. Vocal ‚õä‘); obwol er in dem *äe* dem hohen *a* einen Nachschlag zu geben scheint, analog dem bäurischen Diphthong, zeigt doch die Schreibung ‚Znämb‘ (He. S. 107), dass jenes nur eine pedantischere Schreibung sein sollte, etwa wie ‚gwä-et‘ (gewöht, He. S. 279). Für M*ai*n schreibt derselbe ‚Mæn‘, Wh. §. 44, S. 55. — Aus den Schreibungen »an*a*nander« (Chr. S. 109, c. 1548) und »mitt*a*nander« (S. 76 und S. 103, c. 1548) folgt freilich nichts, denn dieses *a* könnte an sich auch ein dumpfes sein; hier ist aber wahrscheinlich ein kurzer Vocal (das »unbestimmte« à‘) gemeint.

Noch sei erwähnt, dass jenes hochwichtige Amstettner »pantaeding pucchel« seiner Abschrift nach ins XVI. Jahrhundert (1543) fällt, in welchem ‚õä‘ (resp. vor Resonanten ‚oi‘) für mhd. *ei* — und bäurisches hohes ‚a‘ sich als »ae« (»ai«) und »e« gegenüberstehen; so dass also für mhd. *ei* die Bauernaussprache (õä) neben unserer hier behandelten »herrischen« bis 1543 zurück noch gesichert ist. Es geht wol nicht an, mit Weinhold, b. Gr. §. 39, S. 52 die Schreibung

---

[1]) Dieses *e* ist auch heute in bair. Ortsnamen als Zeichen für dial. hohes *a* noch sehr üblich.

18

,aür' (= Eier, 1531) gleich dem Umlaute von a (also wie dial. ‚ä'‘) zu
lesen; vielmehr wird hier das ungestrichene a dumpf zu deuten, das
speciell bezeichnete ŭ aber abzuheben sein, so dass sich die Lesung
ŏȧ' ergiebt, wie ja die Bauern bis heute noch sprechen. Vgl. § 12.
§ 11. Für's XV. Jahrhundert führen wir zunächst wieder
unsere alten Bekannten ins Feld; ein mehrmaliges »perkteding«
(Ö. W.⁶ S. 406, 407, 409, XV. Jahrh.) neben »tegen« (Tägen =
Tagen, S. 407) »gemêcht« (S. 408) »frevel« (S. 410) »Gretz« (S. 411);
ein »pannteding« (Ö. W.⁷ S. 363) neben »frevel« »jeger« »nem« »kem«
(S. 368) geht bis in den Anfang des XV. Jahrhunderts zurück;
also ist mit dem e durchgehends hohes a wie beim Umlaut gemeint.
Hohes a finden wir ohne Verkleidung in »gejadt-rock« (bei Leoben,
Ö. W.⁸ S. 405) = »gejeitrock« Jagdrock ein Wort, dessen Vocal
bezüglich seiner Aussprache schon durch oben angeführte Schreibungen
des XVI. Jahrhunderts klargestellt ist. Für Böheim finden wir »pehem«
a. 1461 (C. W., S. 245) und 1460 (A., S. 376). Der »reger« Maxi-
milians I. (= mhd. reiger, Reiher, Weinh., §. 45, S. 57) schliesst
sich hier bequem an, und der Ort Waidmannsfeld¹) bei Wr.-Neustadt,
falls er richtig mit ai geschrieben wird, liefert ein wiederholtes
»Wamasfeld« schon anfangs des XV. Jahrhunderts (Ö. W.⁷ S. 363 ff.).
Schreibungen mit a für mhd. ei sind indessen nur mit Vorsicht
zu benützen, weil das Zeichen a meistens das dumpfe a in Tag,
haben etc. bedeutet, ja sogar für das mhd. uo vor Resonanten auftritt, wie wir sehen werden. Allerdings ist bis in den Anfang des
XV. Jahrhunderts, wo »Matzendorff« (1412, Ver. f. Lk. v. N.-Ö.,
XXIII. S. 371) für älteres »Mæczendorff-er« (1374) geschrieben wurde,
die facultative hohe Aussprache des a neben der dumpfen gesichert
(s. Vocal ŏȧ). Und selbst das ai der Schriftdenkmäler des XV. Jahr-

¹) Die ortsübliche Bauernansprache Wŏȧmäʃʃälld könnte mit ihrem ŏȧ auch
auf mhd. uo oder mhd. ar zurückgehen: im letzten Falle hätte die nasale Aussprache des ŏȧ just ebensoviel Auffälliges, wie bei der Zurückführung auf -aid-,
da ein d oder r, vor m, n, y ausgefallen, die Nasalierung des Vorvocals sonst
hindert. Allein ein altdeutscher Name, Wuotman, Wuoman — oder wie immer mit
uo — ist ein Unding; altes Waraman, War(i)man hat, wie die nhd. Namen
Wehrmann, Wöhrmann beweisen, Umlaut in der ersten Silbe, was zum tiefen ŏȧ
in Wŏȧmäʃʃälld nicht stimmt. Hingegen wäre ein altes Warmundes- oder War-
muotesvelt ganz zulässig. Auch die heutige Schreibung kann recht haben, da alte
Namen, wie Weidheri, Weidman, Weidram und eine Brücke ad Weidemannes-
bruggen im X. Jahrhundert nachweislich sind. Leider fehlen mir über unseren Ort
weitere urkundliche Daten und Namensschreibungen.

hunderts wird nach Absicht der Schreiber meistens als hohes *a* zu lesen sein; wenigstens wird »die ra*i*nischen ros« (c. 1450, Ö. W.[7] S. 404) noch Ende des XVIII. Jahrhunderts in »tyrannische ros« verdeutlicht (ebenda). Aber anderseits wird *a*, wo es für mhd. *ei* auftritt, auch oft einen dumpferen Laut haben wollen, denn der dumpfere Laut für mhd. *ei*, sei er nun ein offenes »o« oder »oi« oder ein *ôa*, war im XV. Jahrhundert schon vorhanden. Der Ortsname Gürzheim (Kärnten) erscheint 1420 als »Gurtzh*ue*m« (P., S. 340); die Verwechslung von he*i*m und h*uo*be setzt eine dumpfe Aussprache des ersten Stammes voraus. Eine Schreibung ‚sarg‘ (c. 1450, Ö. W.[7] S. 405), welche wol so viel als *seige* = »Pipe beim Wein-fass« bezeichnen dürfte, wird Ende des XVI. Jahrhunderts in *sag* abgeändert. Wenn Winter mit seinem *r* in *sarg* wirklich recht hat, und nicht etwa ein *i* (sa*i*g) zu lesen ist, dann erkennen wir in *ar* die heutige dumpfere Aussprache *ôa* für mhd. *ei* (s. Vocal *ôa*).

Wir können also nicht entscheiden, ob ein hohes *a* oder ein dumpferer Laut gemeint sei, in folgenden Fällen:. »scha*d*ewien = sche*i*dewien, heute Schottwien (1487, T., S. 41), »Pehomkirichen« = Böhe*i*mkirchen (1477, N. P., S. 626) allerdings neben obigem »pehem«; Gertrudis »Schaichenstaninna« = -ste*i*nin (vor 1476, N. P., S. 557), »belap« = bele*i*p, blieb (c. 1449, Chr. S. 296), »hönigsam« = honecse*i*m (1432, W. § 39, S. 52), »Pucham« = Puech*ei*m (1416, A., S. 305 oder mehrmaliges »Wagr*a*m« = wâcre*i*n.

Am allerwenigsten kann man aus der Schreibung »ai« über die Aussprache klug werden; dieselbe konnte entweder nach dem »herrischen« Dialekt wie hohes *a*, oder nach dem Bauerndialekt als irgend ein dumpferer Laut, oder aber, ganz der vom Westen her überkommenen Schrifttradition folgend, dem wirklichen Doppellaut *ei* gleichgelten. Wenn wir (c. 1444) neben »Prüester« = priester, »Burckfrüdt« = burcfri, teinen »Ha*i*nrich«[1]) = He*i*nrîch finden (Chr. ,S. 290), so kann mit dem *aü* wol nur ein wirklicher schriftmässiger Diphthong *ai*, *ei* gemeint sein, auch wenn (z. B. S. 283, c. 1493) wieder »Ha*i*nrich« geschrieben erscheint.

§ 12. In Stift-Altenburgischen Urkunden des XIV. Jahrhunderts finden wir neben »Peh*ai*m« 1389 (A., S. 278), wo das *ai* eine volltönende zweite Silbe für jene Zeiten bezeugt, auch »Peh*e*m« 1398 (A., S. 285) wie »Strênikch« für Straning; eine

---

¹) Vgl. Ἡινρικον = *Heynricum*, bei Förstemann I. S. 593, leider ohne Angabe der Zeit und des Dialektes.

»Pehemperiger pfarr« 1370 (S., S. 256). Ebenso wird das mhd. oeheim (Oheim), welches 1366 (A., S. 252) und 1312 (S. 129) voll-tönig als »Ochaim« und »Ohhein« erscheint, im Jahre 1344 (S. 217) mit »Ochem« gegeben; offenbar nicht, weil die zweite Silbe erst betont mit *ei*, bald nicht betont mit *e* und gleich darauf wieder betont mit *ai* gesprochen wurde, sondern weil eine »herrische« Aussprache *a* neben einer vulgäreren diphthongischen (*oi*, *oa*) einherschritt und jenes hohe *a*, mit dem Umlauts-*a* verwechselt, hierdurch öfter der Übersetzung in schriftmässiges *ei*, *ai* entgieng und geschrieben als *e* erschien. In »heligen« = *hei*ligen (Weinh. § 45, S. 37) dürfte das e (= hohem *a*) nicht über das »herrische« *a* für mhd. *ei* zu erklären sein, da sich, wie wir sehen werden, schon früher ein *hiligen* findet; dieses reconstruierte Schrift-*î* für das vulgäre österreichische *ai* (wie in *wait*, *Naid* etc.) beweist, dass der gemeine Österreicher schon frühe in diesem Worte die feierliche Kanzelaussprache nachahmte, daher statt des dumpfen Diphthongen (heute *ôa*) den höheren (*ai*) accep-tierte, obwol jener sonst einem mhd. *ei*, dieser einem mhd. *î* ent-spricht. Dass aber „ai‘ (= mhd. *î*) vor *l* zu hohem ‚a‘ (geschr. *e*) wird, s. unten. Z. B. ‚wâll‘ *wile*, ‚âll‘ *ile* etc.

Einen alten Bekannten finden wir wieder c. 1400 (Chr., S. 386) in einem, diesmal bairischen »*tä*tigen«; österreichisch (1348) »täding« »tädingen« neben *wär*, *tät*, Märkchten (K.², S. 89); Weinh. b. Gr. § 42 führt nebst »M*œn*hart« = Me*in*hart, Meginhart, und »R*œn*olt« = Re*in*olt, Reginolt, auch ein gleichzeitiges häufiges »t*œ*ding« an: also auch für *age*, *eye* wird wie für einfaches mhd. *ei* ein *œ* geschrieben und hohes *a* gesprochen; aber auch schriftmässiges taiding kommt vor (Chr., S. 405, c. 1350—1400; K², S. 89, 1358). Einer besonderen Erörterung bedarf aber die Schreibung »taedinch«, mit *a* und *e* (K², S. 3, 1322—1340). Ich glaube, dass man dieses ae nicht sofort als einen einfachen Laut, ein hohes *a* auffassen dürfe, und dass es auf keiner Verwechslung mit dem Umlauts-*a* (= geschriebenem *e*, *ä*, *œ*) beruhe. Das hohe *a* wird nämlich in derselben Urkunde immer anders bezeichnet: »gefelt« = dial. ‚gfälld‘ gefehlt. Jenes ae aber wechselt nur mit ai: zwa*i* und zwa*e*, ta*i*l und geta*e*lt, a*i*ns und cha*e*n. Vgl. das a*ë*r in § 10. Ich verweise daher diese Schreibungen mit ae in den Paragraphen, der über bäurisches *ôa* = mhd. *ei* handelt. Dass in der nämlichen Urkunde auch einmal der Acc. pl. »pant*ä*dinch« vorkommt, beweist nur, dass die »herrische« Aussprache in diesem Worte, welches die Bauern ja von den Herren oft genug zu hören bekamen, auch in solchen Urkunden gelegentlich durchbrechen kann, deren Schreibgebrauch sich sonst auf den Bauerndialekt stützt. Ganz ähnlich war ja auch das oben (§ 11) erwähnte, aus dem Anfang des XV. Jahrhunderts datierende »pannteding« (Ö. W.[7] S. 363) aufzufassen, da in derselben Urkunde die mhd. *ei* sonst nur mit *ai* (und etlichemale mit *a*) bezeichnet werden. — Von den *æ*, die Weinhold b. Gr. § 44, S. 55) als Entsprechungen für mhd. *ei* anführt, werden manche gewiss solche *ae* sein; bestimmt aber in »Waedthofen«. Weinhold hat eben auf den Unterschied zwischen den Zeichen *œ* (= hohem *a*) und *ae* (= *ôä*, noch sicher 1543) nicht geachtet und alles unter *œ* vereinigt. Wirkliches *œ*, also gleich dem Umlaut von *a* als hohes *a* zu sprechen, ist ausser in dreimaligem flœsch, 1315, wahrscheinlich anzunehmen in gœstlich, 1355, 1353, 1343, 1340 (Weinhold, § 44, 55); denn dieses Wort erscheint 1366 (Weinhold, § 45, S. 57) mit dem mhd. a-Umlaut als »gestleichen« (Wien), ferner in der ersten Hälfte des XIV. Jahrhunderts (U. St.[2], S. 86) als »gestleich«, und ebenda (S. 79) mit ungeschminktem a: »gastleichen«. Damit aber ja kein Zweifel übrig bleibe, dass hier hohes, reines *a* gemeint sei, so finden wir bei Schönbach (Ac. d. W., XCVII. S. 789, erste Hälfte des XIV. Jahrhunderts) die Form »gæstleicher« neben einem Reime gæb: urlæb. Wer im Zweifel ist, ob *œ* einen dumpfen Doppel- (ae = *ôä*) oder einen hellen einfachen Laut bedeute, dem beweist gœb das letztere; *œ* ist derselbe hohe Laut, wie der Umlaut eines (langen) *a*. Und wer im Zweifel ist, ob dieser helle Laut ein wirkliches reines *a* ist und nicht vielleicht ein offenes *e*, dem beweist der Reim mit urlœb (d. i. »Urlaub«) das erstere, — wenn er weiss, dass der Baier altes *ou* und *û* vor Labialen wie reines *a* ausspricht. — Mit der Form »zwenzich«, 1308 (W. § 27, S. 13) haben wir also den Erweis, dass mhd. *ei* wie hohes *a* gesprochen wurde, bis an die Grenze des XIII. und XIV. Jahrhunderts zurück erbracht.

Für's XIV. haben wir nur noch jener Schreibungen zu gedenken, welche für mhd. *ei* ein schriftliches *a* bieten. Schon im vorigen Paragraphen wurde darauf hingewiesen, dass ein geschriebenes *a* für die Aussprache ein reines, hohes *a* oder ein dumpferer Laut sein kann. In *ha*ligen (Wh. § 39, S. 52) darf man, in Hinsicht auf das obige *h*eligen (= heiligen, § 12), nur ein hohes *a* erkennen; doch ist es nicht direct aus mhd. *ei*, sondern erst aus dem dial. ‚*ai*‘ (= mhd. *i* vor *l*) zu erklären, s. oben. Wenn ferner der Teichner reimt »entw*ei*ch: sprach« (Weinh., § 39, S. 52), so kann dies nur ein schlechter

Reim sein, der aber so viel lehrt, dass *ei* in entwe*i*ch dialektisch wie hohes *a* gesprochen wurde, dass aber der Teichner sich bemüht hat, auch das tiefe *a* der Österreicher in sprach nach schwäbischer Hofmanier als hohes *a* herauszukünsteln. Anders ist obiger Reim unmöglich. Bei den Schreibungen »gmancleich« (Weinh., § 39, S. 52), »Kawan« (ebenda, 1399), »stamvelder« (= sta*i*nvelder? Im Nasenton *m* und *n* vertauscht? N. P., vor 1377), »zwa« (Wien, Weinh. l. c.) sind wir ohne näheren Hinweis auf die Aussprache; doch glaube ich, dass man in den meisten Fällen ein hohes *a* der Aussprache annemen dürfe. Das Schreibzeichen *a* für den dumpferen Laut mit Nachschlag [wie das *oä* für mhd. *ei* eben heute bei den Bauern klingt] ist seltener und wol nur vor Resonanten zu finden. Von dem allgemeinen einfachen dumpfen *a* in »Vater«, »haben« etc. reden wir ja hier nicht.

§ 13. Wir sind nun, von der Gegenwart ausgehend, mit unserem »herrisch«-dialektischen hohen *a* für mhd. *ei* bis an das XIII. Jahrhundert herauf vorgedrungen, jenes Jahrhundert, in welchem das alte deutsche Schriftsystem seine grösste Vollendung, zugleich seine grösste Unabhängigkeit von den Dialekten erlangt hatte. Wir wollen nun sehen, ob dieses Schriftsystem alle Denkmäler in dem Grade beherrscht, dass nicht auch der Dialekt, speciell unser hohes *a*, gelegentlich durchbricht.

In welche Zeit R. Müller (Ver. f. Lk. v. N.-Ö., XXIII. Jahrg. S. 409) den Wechsel zwischen slavischem »Stano«, »Stanagoi« und angedeutschtem »Ste*i*no«, »Ste*i*negei« setzen wird, muss ich erst abwarten. Das slavische *a* ist unser hohes Dialekt-*a*. Schönbach's »an ander« (Ak. d. Wiss., XCVII., S. 965) und »anander« (ebenda, XCVIII., S. 958, ferner XCIV., S. 189) und »chranchat« (ebenda, XVII., S. 971) können mit ihren *a* für mhd. *ei* auch nicht gut hieherbezogen werden, da es in unbetonten Silben steht und dem gemeinen Schwächungsvocal ‚ă‘ gleichgelten kann (Rŏanăd, I. S. 449, § 41, 42 und 43; ferner diese Abhandlung § 5). Mehr ins Gewicht fällt »*a*nvaltichlichen« (Ak. d Wiss., XCVII. S. 957) und »*a*ntweder« (ebenda, XCIV. S. 189), weil hier das *a* regelmässig oder facultativ betont ist; doch ist die reine hohe Aussprache nur wahrscheinlich, die bäurische dumpfe nicht unmöglich. Weinhold's »*A*enwicus« (b. Gr. § 44, S. 55) vom Jahre 1242 deutet schon sicherer auf hohes *a*, weil die bäurische Aussprache *oä*, welche vermutlich schon im XIV. Jahrh. durch *ae* bezeichnet wird (§ 12), im XIII. noch nicht anzunemen ist, somit jenes *Ae* wol nur als *æ* gemeint sein kann. Verwechslung von *æ* und *ei* verräth aber einen für beide Worte identischen Laut, wie es eben mundartliches hohes *a* ist. Zuverlässig erkennen wir dieses *a* in den Schreibungen für Breiteneich: »Pratenaeich« 1283 (A., S. 27), »Pratencich« 1282 (S. 25), 1281 (S. 22) 1276 (S. 19), ja sogar »Pratenach« 1272 (S. 17), wo auch das zweite *a*, weil hochtonig, nur ein wirkliches ‚a‘ sein kann. Denn eine dumpfe Aussprache des *a* der ersten Silbe bleibt ausgeschlossen durch ein gleichzeitiges »Bretenbv̂ch« (Breitenbuch bei Seitz, U. St.², S. 510, orig., 1241), sowie durch Schreibungen des ersten Compositionstheiles mit *e* im XII. Jahrhundert. Und wenn *Heinrich* öfter als »Henricus« gezeichnet ist, so ist hiermit nicht etwa blos eine latinisierende »Verengung« des dem Lateinischen ungeläufigen Diphthongen, sondern eben auch wieder unser dialektisches *a* für mhd. *ei* gemeint, wie die andere Form »Hauricus« in oberösterreichischen Urkunden beweist (OE.¹, a. 1273). Dazu stimmt auch die französische Aussprache von *Henri*. Die Kaiserau ob Admont heisst 1207 »Chaserow« in verbürgter Lesung (U. St.², S. 132), was freilich auch eine *ouwe der kæswere*, der Käsmacher, sein könnte, so dass — vorausgesetzt, man spricht noch heute ‚khâsärâů‘ — die heutige Schreibung ein Irrtum wäre. Sicheres *a* für mhd. *ei* liegt wieder vor in »Tunchelsten« 1218 (Dunkelstein bei Neunkirchen, N.-Ö.; U. St.², S. 226), da hier ebenfalls bei der Hochtonigkeit des zweiten Wortbestandtheils jede »Schwächung« des *ai* in irrationales *e* ausgeschlossen ist. Wenn eine niederösterreichische Ortschaft Rakkintal (Ver. f. Lk. v. N.-Ö., XXIII. Jahrg. S. 379) im Jahre 1254 »Racgental«, 1319 »Rekental« geschrieben wird, so ist ersichtlich in der ersten Silbe hohes Umlauts-*a*; wenn aber 1239 »Raykental« geschrieben wird, liegt abermals jene charakteristische Verwechslung vor. Der Ort Schottwien unterm Semmering soll als »Scheidewien« zu deuten sein (§§ 9 u. 10). In einer steirischen Urkunde von 1220, abgeschrieben im XV. Jahrhundert, lautet der Name Schädwin (U. St.², S. 252); in einer gleichzeitigen, erst im XVII. Jahrhundert abgeschriebenen de »Schadewinne« (S. 258). Also abermals eine Verwechslung von mhd. *ei* mit dem hohen Umlauts-*a*.

Deutlich zeigt sich dieselbe Verwechslung auch an jenem *ei*, welches aus *age*, *ege* entstanden ist. Ein niederösterreichischer Ort »Egizinesberc« (1150) wird 1277 mit »Ezinesperch« geschrieben (Ver. f. Lk. v. N.-Ö., XXIII, S. 384), und damit man über den Lautwert eines solchen e ja nicht im Zweifel sei, wird ein niederösterreichischer Ort »Ragizinesdorf« (1123), der noch 1248 als »Reizinsdorf« erscheint, beiläufig um 1203 mit »razeinstorf« fixiert (ebda. S. 393). Auch »Meriandus« = Meinradus[1]) (U. St.[1], S. 159, 1210) enthält ein obensolches e, welches dem hohen a gleichlautend ist, wie oben »Henricus« neben »Hanricus«.

§ 14. An die Scheide des XII. Jahrhunderts hinaufgelangt, begegnen wir c. 1200 einer bairischen (Berchtesgadner) Schreibung »Phafsten« für heutiges Pfaffstein (B. G.[1], S. 354); einer österreichischen »Adalhett« und einem »Hettfolch« für Adalheit und Heitfolch (Ver. f. Lk. v. N.-Ö., XXIII, S. 429); steirisch finden wir »heligen« (Br. L., S. 137); österreichisch (Kindh. bei Weinh. b. Gr., § 45, S. 57) »helich«, »heligen«; dasselbe bietet Wernhers Maria (Weinh. § 45, S. 57) nebst »wesot« und »dehenin« für weisot, deheinin; die Kaiserchronik (Wh., l. c.) hat »gesceden«, »chlet«, »eniger« für gesceiden, chleit, einiger; bei Weinh., l. c., finden wir auch Salzburger Schreibungen »enen«, »follestara«, »vollestit«, anderweitiges »bezechint«, »hezzet«, »heliger«, »ertelet«, »west«, »zenir« bis vor 1125, überall mit e für mhd. ei. Wir fügen hinzu steirisches »Chenahe« für sonstiges Cheinahe (U. St.[1], S. 779, zw. 1103—1170), steirisches »Chlenigrübe« (l. c., S. 694, 1190), niederösterreichisches »Wolfisten« (Ver. f. Lk. v. N.-Ö., XXIII, S. 22, 1132).

Wir könnten über den Lautwert dieser e in Zweifel sein: bisher gelten sie als »Verengungen« — sehr durchsichtig, weil ein Lautzeichen in der Schrift einen »engeren« Platz einnimmt als deren zwei. Damit ist nichts gesagt. Das e in der mhd. Zeit ist das conventionelle Zeichen für den Umlaut des a; dass dieser auch im XII. Jahrhundert im bairisch-österreichischen Dialekt wie reines a geklungen hat, werden wir unten sehen. Und so begreifen wir leicht, dass dieselben St. Lambrechter Breviarien, denen wir soeben ein

---

[1]) Da derselbe Meinradus (de Abinsberg) auch U. St.[2], S. 149, 1209 vorkommt, so ist die Bedeutung des »Meriandu« sicher. Ein Druckfehler liegt nicht vor, da Zahn ein (!) beisetzt. Da die Urkunde ein Original ist, kann also nur ein Schreibfehler des ersten Ausfertigers vorliegen. Die Urkunde ist eine päpstliche, der Ausfertiger daher wol ein Wälscher. Trotzdem kann ihm der höchst geläufige Heiligenname Meinradus absolut nicht unvertraut gewesen sein, so dass etwa eine verständnislose wälsche Verstümmelung in »Meriandus« vorläge. Wenn nicht ein ganz sinnloser Buchstabentausch vorliegt, kann also nur eine deutsch-dialektische Schreibung oder Aussprache (,Mä·räd', wo ,-äd' an sich auch = -end, -and gelten könnte) zugrunde liegen.

»heligen« entnahmen, auch »gmanlichen« = gemeinlichen bieten (Br. L.,
S. 137), dieselbe Kaiserchronik, die »gesceden« »chlet« »eniger« zeigt, auch
ein »ham« »erblachet« »frascte« für heim, erbleichet, vreischte schreibt
(Weinh., § 39, S. 52). Der niederösterreichische Ort Wolfpassing,
der ein hohes *a* bis heute auch im Volksmunde behalten hat (vgl.
§ 2), schreibt sich 1110 Wolfpeizingin, ebenso c. 1124, zwischen
1195—1223 Wolfpaizingen, 1209 Wolfbeizzingen, dann weiter mit
ai oder *ei*: abzuleiten von einem Wolfbeizo, mit abgelautetem *ei* von
dem Verbum *bizen*. Das etymologisch und urkundlich gesicherte
mhd. *ei* in diesem Namen erscheint nun 1194 als *a*: »Wolfpazingen«,
gleichzeitig oder fast gleichzeitig als *e*: »Wolfpezzingin« und c. 1140
»wolfpezzingen« (alles im Ver. f. Lk. v. N.-Ö., 1887, S. 86 ff.), offenbar
nicht, weil der Ort in einem Jahrhundert dreimal anders ausgesprochen wurde, sondern weil die schulrichtige Schreibung *ei* mit dem
phonetisch richtigen *a* und mit dem auf Verwechslung (mit dem Umlaut von *a*) beruhenden *e* durcheinander kommt — aber nur in der
Schrift, nicht in der Sprache. Ein oberösterreichisches (?) »Wolf-
pazzinge« begegnet c. 1150 in Passauer Urkunden (ebenda). Der
Ort Laiming in Oberbaiern erscheint als »Laimingin« oder »Laimingen«
oder »Leimingin« 1133, c. 1130 (B. G.¹, S. 281 und S. 342) und
c. 1145 (U. St.¹, S. 249); dagegen zwischen 1149—1177 als »Lameingin« (B. G.¹, S. 102) und c. 1145 als »Lemingin« (U. St.¹, S. 248)·
Der Form »Lameingin« merkt man es an, dass die Zweifel des
Schreibers über die Orthographie der ersten Silbe erst bei der zweiten
böse Früchte gebracht haben. Ein bairischer Otto de »Gâzaha« (so,
mit Circumflex auf *a*) begegnet uns 1140, B. G.¹ S. 279, gegenüber
älterem »ad Keizahu« c. 820, bei Förstemann II. S. 606. Es wird
uns, wenn mhd. *ei* schon so frühe in unserem Dialekte als hohes *a*
lautete, auch begreiflich, dass sich lat. Carneola, Carnotum (U. St.¹,
1152, S. 337) durch Vermittlung bairischer oder österreichischer
Schreiber in deutsches »Creine«, »Chreina« umsetzen konnte. Wenn
c. 1190 (U. St.¹, S. 695) wälsches Pertistagno (spr. Pertistanjo)
deutschem »Perchtinstein« entspricht, so ist ebenfalls *ei* = hohem
romanischen *a*; doch bleibt natürlich nicht ausgeschlossen, dass die
Schriftgelehrten auch damals, über den Dialekt sich erhebend,
das *ei* buchstabengemäss aussprachen, wie man parallel dazu auch
Pertistagno so mouillieren kann, dass man ein *aj* zu hören bekommt.

Das Zeichen *a*, welches für mhd. *ei* = dialektischem hohem *a*
uns öfter begegnet ist, konnte indessen in dieser Geltung nicht

festen Fuss fassen, da — wie wir noch sehen werden — jener historische Laut, welchen *a* zunächst zu bezeichnen hat, im Bairischen
schon frühe dumpf zum *o* geneigt gesprochen wurde. Man war in
Verlegenheit, ob man das Zeichen *a*, an welchem aus dem Lateinischen, dann aus dem schwäbischen und wol auch fränkischen Dialekte her der hohe *a*-Klang hieng, nur für unsere etymologisch
gleichartigen dumpfen *a* in *vater*, *hapen* etc., oder auch für die
phonetisch reineren hohen *a* des bairischen Dialektes anwenden
solle. Die Schultradition drängte zu ersterem: zur Beschränkung
auf dumpfes *a*. Wo daher das Zeichen *a* für den reinen hohen
Laut erscheint, haben wir nur einen, wenn auch begründeten und
für uns wichtigen Schreibfehler. Die Schultradition wählte für
das hohe *a* des Umlautes — neben dem Zeichen *e* — auch noch
das Zeichen *æ*: und auch dieses wird im XII. Jahrh., wie wir dies
für die späteren Jahrhunderte bereits wissen, für das dial. hohe *a*
= mhd. *ei* irrtümlicher Weise gesetzt: so erscheint c. 1170 zweimal
eine oberösterreichische Schreibung »uiechtenstæn« (O. E.¹, S. 680);
ein oberösterreichischer Ort, welcher c. 1140 (O. E.¹, S. 289) Prai-
tinperg, gleichzeitig (S. 719) prei*tenberge*, c. 1150 (S. 335) prai*ten-
berch*, c. 1180 (S. 382) brai*tenberc*, c. 1200 (S. 763, 769, 770)
öfters prei*tenperg* und prei*tenperge* geschrieben wird, erscheint ums
Jahr 1150 mit »pretenberge« (S. 669) und um 1160 mit »Bretenberc«
(S. 322) fixiert: und damit man wol wisse, welcher Art diese »Verengung« sei, so erscheint c. 1200 (S. 711) ein »praetenperg«. Wir
sind im XII. Jahrhundert wol nicht mehr in Gefahr, das *æ* für
bäurisches *ä* deuten zu müssen, — wie dies z. B. im XVI. Jahrhundert unumgänglich ist, — obgleich (B. G.¹, S. 103) zwischen
1149—1177 ein Wai*etmaigin* für Weitmagin (?) begegnet: es soll
wol nur Wæi*tmaigin* heissen und die traditionelle Schulaussprache
mit reinem *ai* gegenüber bäurischem *ái* bedeuten (vgl. unten »Rathalmingin« und später den Vocal *ái*). So dürfen wir auch in oberösterreichischem »aechberch« (O. E.¹, S. 387, neben sonstigem *ei*ch-
perge) c. 1180 ein hohes *a* für mhd. *ei* lesen.

Eine etwas verwickeltere Frage ist es, wie man die Ortsnamen
auf-he*i*m im XII. Jahrhundert dialektisch zu lesen habe. Bekanntlich wird
in der bairisch-österreichischen Mundart kurzes, unbestimmtes „*ä*‟
der kurzen, tonlosen Silben (Reinald, I. S. 449, § 41—43) dem
hohen *a* fast gleichgeachtet. Wenn wir also Spuren der tonlosen
Aussprache einer Silbe finden und in dieser Silbe ein altes *e*

= mhd. *ei* vorkommt, so wissen wir noch nicht, ob ‚à' oder betontes, hohes *a* gemeint sei. Eine solche Spur der Tonlosigkeit einer Silbe ist es, wenn das *h* des Anlautes verschwindet: »Houemarn« = Houeheimarin (heute Hofmanning im steirischen Ennsthal, U. St.¹, S. 850, 1074—1184), oder »Uorren« = Vorheim (B. G.¹, S. 286, c. 1140); Tonlosigkeit bedeutet vielleicht auch die nachlässige Verdünnung des Schluss-*m* zu -*n*, vielmehr die Degradierung des ursprünglichen *m* zur blossen Nasalierung des Vorvocals: B. G.¹, S. 286, c. 1140 findet sich »Tabfben« neben »Taphheim« (S. 302, heute Tapfheim), »Lirhen« (Lierheim), »Tegericheshen« (Degersheim), S. 287 c. 1150—60 »Tytenhen« und »Tetenhen«, »Chregehen«, »Turehen« und »Tureheim», »Alerhein« u. s. w. Doch kann diese Nasalierung auch in betonten Silben stattfinden: so dass die letzteren Wörter nicht nothwendig ein tonloses à, sondern ebensowol ein betontes hohes *a* enthalten mögen. Noch unwahrscheinlicher ist ein tonloser Vocal, wenn mehrmals der volle Stammlaut in den Urkunden bemerkbar wird: »friheim« oder »frihaim« erscheint O. E.¹ zwischen 1180—1258 viermal; c. 1160, S. 323 lautet es nun »frihem«; da keine Anzeichen der Tonlosigkeit vorhanden sind, muss wol das mit *ei* verwechselte *e* wie in den anderen gleichzeitigen Fällen als hohes *a* aufgefasst werden, welches ganz blank erscheint in »Gurzham« (bei Pels, U. St.¹, S. 4 und 202, c. 1140), im bairischen »Berchan« (= Bergham, B. G.¹, S. 348, vor 1193), im steirischen »Mosahaman« (Mosbeim bei Salzburg), welches so im IX. bis XIII. Jahrhundert für Moseheim, c. 1140 (U. St.¹, S. 203) oder Mosheim 1191 (S. 712) geschrieben erscheint – und zum Beweis, dass -*ham*- betont ist, sogar eine Nachsilbe trägt. Nicht hieher zu ziehen ist die Schreibung Rathalmingin (U. St.¹, c. 1190, S. 77, Cod. trad. des IX. bis XIII. Jahrhunderts) für heutiges Radhaming; denn das *l* ist ein Schreibfehler für *i* oder *j*, welches in unserer Mundart nach Vocalen für *l* leicht eintritt (Weinh. b. Gr., § 158, S. 164; Rŏanäd, I. S. 41, V. 5 ,ˡtŏlld'). »Rathàjmingin« wurde aber später, indem *j* in das *m* aufgieng, zu Radhàming. – Hingegen zeigt uns der Wechsel zwischen der Schreibung »pirchœmen« (O. E.¹, S. 680, c. 1170) und »utinhamen« (ebenda) deutlich das hohe reine *a*, weil ja der Stammvocal in *hœm*, *ham* als Träger einer Nachsilbe einerseits sicher betont, also nicht à ist, andererseits in *œ* nur hohes *a*, nicht aber dumpfes à*j* gemeint sein kann.

Allfällige Zweifel über das hohe *a* im Stamme Heim werden aber endgiltig beseitigt durch die Schreibungen des Namens *Heinrich*, der nur in selteneren Fällen auf *Haganrich*, meist auf unser *Heimirich* zurückgeht. Neben traditionellem Heinricus, Hoinrich, Hœiuricus (U. St.[1] S. 975, zwischen 1030—1190) und Hœinricus (O. E.[1] S. 681, c. 1170) begegnet sowol zweimaliges »henricus« (O. E.[1] S. 711, c. 1200), dreimaliges »Henricus« (U. St.[1] S. 589, 1182), »Henricus« und »Henrich« (U. St.[1] S. 975, zwischen 1030—1190), dreimaliges »Henric« (Meiller, Regesten, S. 17, 1125), als auch zweimaliges blankes »Hanrico« (U. St.[1] S. 350, 1155) und fünfmaliges Hœnricus (O. E.[1] S. 680, c. 1170). Diese Belege wiegen umsomehr, als hier das hohe *a* immer in betonter Silbe erscheint.

Wir haben noch diejenigen mhd. *ei* zu untersuchen, welche aus *age, ege* contrahiert sind. Der Eigenname *Megingoz* begegnet zwischen 1130—1179 in den Formen Meingoz und Meingotus, aber auch »Mengoz« (U. St.[1]); der Name *Meginhart* wechselt zwischen 1150—1185 noch mit den Formen »Meinhard« und »Menhardus« (U. St.[1], S. 978); ein »Menhardus« erscheint 1140 (U. St.[1], S. 189). Vom Personennamen *Teginzo* (aus *Taganzo* über *Taginzo*) kennen wir einen Ortsnamen *Teginzindorf* in Niederösterreich c. 1122, der c. 1200 »Teccendorf« lautet und noch in Ö. W.[7] als *Tãsdorf* (d. i. ‚Tâsdäv‘) erscheint; siehe Ver. f. Lk. v. N.-Ö., XXIII., S. 397. Altes *Egizinesdorf*, welches in Göttweiher Urkunden von 1083 bis 1110 viermal erscheint, zeigt sich 1108 als »Ezinisdorf« (ebenda, S. 384). Weinhold, b. Gr. § 49, S. 60 bringt uns hierzu »gelet« für gele*get*, »tret« für tre*get*, »panteding« und »tedingen« für panta*ge*ding und *tage*dingen erst aus dem XIV. und XV. Jahrhundert.

Fragen wir, welchen Lautwert diese *e* für mhd. *ei* haben, so ergiebt uns die Schreibung »taegdinsgeschiren« (sic) im Jahre 1150 (O. E.[1], S. 726) neben »taigdingeschiren« (ebenda, S. 654, 1140), die gewünschte Antwort: das *age* wurde mit dem Umlautswerte von *a* gesprochen, den wir soeben für unser XII. Jahrhundert mit hohem *a* angesetzt haben. In dieser monophthongischen Auffassung des mhd. *ei* beirrt uns weder altes »nast-*ahit*« für -*eit* noch »ste*hic*« für ste*ic*, da diese Formen alemannisch sind (s. Graff); aber auch nicht »Tra*hi*sme« (1153) für altes Tragesima (Traisen=St. Pölten in Niederöst.) oder »Pa*hi*n« für Pa*in* (c. 1178), mhd. boie (Ver. f. Lk. v. Niederösterr. 1887, S. 11). Denn wir können ja, vom heutigen Dialekte ausgehend und bei den Verhältnissen des heutigen Dialektes durch eine Reihe von Beweisen bestärkt, die monophthongische Auffassung nur für den »herrischen« Dialekt festhalten; ein bäurisches à*i*, à*j* kann

oder muss damals daneben einhergegangen sein (s. oben: Rathalmingin).
Zudem ist es leicht denkbar, dass die alten *age* (z. B. Tragesima)
nicht alle in *ei* verwandelt waren, so dass die beiden ursprünglich
durch *g* getrennten Vocale in der Aussprache facultativ noch aus-
einander gehalten werden konnten.

Es müsste uns aber Wunder nemen, wenn immer nur das
Umlautszeichen *e* (*a*) für historisches *ei* erschiene und nicht auch
umgekehrt *ei* für den *a*-Umlaut *e*, — wenn wirklich beide Laute im
bairischen Volksmunde des XII. Jahrhunderts einem hohen *a* gleich-
galten. Thatsächlich begegnen wir auch einer Menge von geschriebenen *ei* für mhd. *e* (= Umlaut von *a*). Ein Ortsname,
»Masenberg«, welcher in einer steirischen Original-Urkunde 1168
(U. St.[1], S. 468) vorkommt und vom Eigennamen »Maso« abzuleiten
ist, hatte durch das Schwächungs-*i* der Endung im Stammvocal den
Umlaut, d. i. hohes *a* erhalten, wie dies auch bei zahlreichen Orts-
namen, die von Wazo, Tazo etc. abgeleitet sind, sich zeigen wird.
Dieses hohe Umlauts-*a* erscheint 1163 ebenfalls in einer Original.
Urkunde mit dem Zeichen *ei* geschrieben: »Meisenberg« (U. St.[1]
S. 444). Mein Geburtsort Natschbach bei Neunkirchen in Nieder-
Österreich enthält im ersten Wortteil, wie sich gelegentlich zeigen
wird, hohes Umlauts-*a*, und dieses wird zweimal mit *ei* geschrieben:
1163 »Neispach« (U. St.[1] S. 444) und c. 1175 Nietspach, d. i.
»Neitspach« (U. St.[1] S. 536). Vgl. J. Grimm, D. Gr²., l. 1, S. 107
und S. 185.

§ 15. So sind wir nun unvermerkt mit unserem heutigen
»herrisch-«dialektischen *a* für mhd. *ei* bis in die — althochdeutsche
Zeit hinaufgerückt, Schritt für Schritt, ohne einen grösseren Zeitraum,
von der Gegenwart zurück, zu überspringen. Eine Veränderung der
Aussprache, von der heutigen weg, haben wir nirgends finden können:
nur die Schreibungen haben, je nach der Zeitmode oder dem Be-
lieben des Schriftstellers, zwischen *a*, *ä*, *á*, *æ* und in frühen Jahrhunderten *ae*, endlich *e* gewechselt.

Vom XI. Jahrhundert aufwärts ist es anders. Wir finden
für ahd. *ei* kein *a* mehr geschrieben, während wir noch im XII. Jahrhundert auf dieses geschriebene *a*, wenn es mit *e* wechselte und
somit hohes *a* war, als Beweis für die dialektische Aussprache hin-
weisen konnten. Nicht einmal in dem sonst so ergiebigen Stamme
Heim. Förstemann (Altd. Namb. II.) zählt vor 1100 etwa anderthalb-
tausend Ortsnamen auf -*heim*, -*hem*, -*haim* auf, aber ein bairischer

oder österreichischer auf -ham ist nicht dabei; ein paar -ham finden
sich auf schwäbischem, sächsischem und nordischem Gebiet und sie
mögen von dortigen Dialektforschern erklärt werden. In den Ab-
handl. der bair. Akad. der Wiss. XII[1], S. 258 finde ich zwar ein
ganz vereinzeltes Holzhusinham vor 811, heute Holzham; weiss aber
nicht, ob die betreffende Handschrift nicht vielleicht eine spätere
Copie ist und ob der Ort wirklich auf bairischem und nicht vielmehr auf schwäbischem Stammgebiet liegt. So bleibt dieses angeblich um zwei Jahrhunderte von den sonst frühesten ham-Schreibungen
getrennte Holzhusinham für uns ohne Gewicht. Ebenso steht es bei
Förstemann mit den Ortsnamen, welche Heim- als ersten Compositions-
teil haben. Weinhold führt b. Gr. § 39, S. 52 als sehr altes Beispiel
für a = ahd. ei ein Pagiri auf; da aber das g und sogar der
Nachvocal i noch eigens geschrieben wird, so wurde agi neben
egi (Pegirin 824, Weinh. § 824) und selbst eigi gegenüber jüngerem
ei (peiri, Beirl, Zeuss, Herkunft der Bayern, S. 14) offenbar nicht
anders aufgefasst als tagedine, tegedine, taigdine und taegdine (s. oben),
das a in age, agi nam den (echten oder unechten) Umlaut an, das
g wurde verschleift und hohes Umlauts-a bildete mit darauffolgendem
i oder e den Diphthong ei, so gut er eben an der Grenze der alt-
und mittelhochdeutschen Zeit gesprochen wurde. Aber aus jenem
alten »Pagiri« das a ohne g herausheben und einem ei gleichsetzen,
geht nicht an.

Da wir also keinem a für ahd. ei mehr begegnen, auch nicht
umgekehrt einem geschriebenen ei für hohes Umlauts-a (der einzige
mir bekannte Fall Freigis für Fretgis aus Fratigis wird von R. Müller
in Fretgis verbessert, Ver. f. Lk. von N.-Ö. XXIII, S. 435), so müssen
wir annemen, dass die dialektische Aussprache des ei von dem reinem
a-Laut sich unterschieden habe; nach welcher Richtung wir
uns diese Aussprache verschoben denken müssem, wird nun zu erweisen sein.

Das ei wechselt noch unausgesetzt, bis in die ältesten Über-
lieferungen hinein, mit e; Belege werden wir sofort zur Genüge
bringen. Das ei hatte also einen e- ähnlichen Laut. Es handelt sich
nun darum: haben wir bei dieser Verwechslung an offenes, oder geschlossenes oder an jenes mittlere e zu denken, welches unser Dialekt in ge (gehe), re (Reh), recht (Recht) kennt. Dieses letztere e,
welches die Distanz zwischen a und i halbiert (Sievers, Laut-
physiol.[1] S. 42), ist für jene Zeit sofort auszuschliessen, da die

Schreibung *œ* für ahd. *ê* und *ê* (Weinh. § 43, S. 55) eine dem *a* nähere Aussprache fordert. Bleibt uns aber blos die Wahl zwischen offenem oder geschlossenem *e* mit Sievers'schen Dritteldistanzen übrig, so ergiebt sich von selbst, dass wir als dialektische Aussprache des althochd. *ei* nur eine dem offenen *e* ähnliche annemen können, welches von der Aussprache *a* des XII. Jahrhunderts klangaufwärts am nächsten liegt.

Mit dem offenen *e* der Dritteldistanz reichen wir indes noch nicht aus. Sowol Lepsius, als Brücke, als Sievers (S. 45) setzten in die zwei Dritteldistanzen von *a* bis zum geschlossenen *e* nicht blos einen offenen *e*-Laut, sondern deren zwei: Lepsius *a*, und *e*; Brücke *a'* und *e''*, Sievers *æ* und *e²*. Diese theoretische Scheidung der Phonetiker erhärten uns die Dialektgrammatiker der schwäbisch-alemanischen Mundart, welche in ihrem Vocalismus gegenüber dem bairischen manches ältere erhalten hat, so insbesondere Winteler, die Kerenzer Mundart, S. 124, Luick² S. 509.

Wenn Winteler ein Kerenzer *e²* für mhd. *ê*, ein *a'* für mhd. *e* (Umlaut) constatiert, so kann in der alten bairischen Mundart nur das erstere eine ganz parallele Erscheinung haben, ein *e²* für mhd. *ê*. Für den Umlaut *e* (von *a*) ist *a'* deshalb nicht möglich, weil der einfache bairische Umlaut von ahd. *a* (bair. *ä*) bis in ältesten Zeiten nur hohes *a* war (siehe unten II). Der Laut *a'* ist demnach für die dialektische Aussprache des ahd. *ei* verfügbar gewesen.

Diesen fraglichen bairischen Laut *a'* für ahd. geschriebenes *ei* müssen wir nun näher ins Auge fassen. Er kommt heute in Wien wieder für neues *ei* vor (R..änäd, I. S. 521 und 525); die Wiener haben eben das Bestreben, prononcierte sprachliche Stammeseigenheiten, wie z. B. die bäurische und bairische Neigung zu Diphthongierungen, zu mildern oder abzustreifen, wodurch sie eben dem alten Lautcharakter reactionär näher rücken. Sievers (Lautphysiol.¹ S. 86 f.) lehrt, dass die Bestandteile des (wirklichen) Diphthonges *ai* meist nicht *a + i*, sondern *a + e* seien. Und S. 135 und 138 constatiert Sievers die »reciproke« Assimilation zu *e*; aber nicht *a* und *i* assimilieren sich reciprok, wie Sievers diesmal irrtümlich setzt, sondern *a* und *e* (!). Der resultierende Mittellaut ist also zunächst nicht der reine *e*-Laut in der halben Distanz zwischen *a* und *i*, sondern ein sehr offenes *e* (ein *a'*) in der Mitte zwischen *a* und einem (statt *i* gesprochenen) *e*.

In diesem *a'* war nun die Bewahrung des geschriebenen *ei* vor gänzlicher Vermischung mit dem *ë* (gesprochen als *e'*) möglich. Denn dass diese beiden Laute von Oberdeutschen dauernd auseinandergehalten werden können, beweist die heutige Kerenzer Mundart (Winteler S. 124). Zwar fanden einige Verwechslungen statt. Aber eben diese paar Verwechslungen zeigen, wie nahe die beiden Laute, altes *ei* und altes *ë*, sich gestanden haben; andererseits zeigt die im Ganzen sauber beibehaltene Scheidung zwischen beiden Werten (die auch in der ungeschriebenen Bauernmundart sich bis heute erhalten hat, ohne dass ihr die Büchertradition hätte zu Gute kommen können) unwiderleglich, dass altes *ei* und *ë* in keiner Phase unseres Dialektes vollständig in eine Aussprache zusammengewürfelt wurden. Unmöglich hätte sich der Bauerndialekt aus solcher Verwirrung zur heutigen Scheidung wieder herausarbeiten können.

Dem alten *ë* entspricht heute klares »mittleres« *e*, dem alten *ei* ein Diphthong *ëi*. Das goth. *bai*, *bajoths* würde blos ahd. *beid-* und dialektisches *bëid* bedingen (»mit boad Hündtn 'bitt«, Rosegger); aber ahd. *ei* muss hier aus der *a'*-Aussprache in das *e'* hinübergeschlagen haben, in die Geltung des *ë*: pediu (Org. d. Boëthius, X.—XI. Jahrh., Graff 3, S. 83), pediu (bei Notker; Graff l. c.), pedero (Syl.), bëde (sic) bei Williram, schon in der Benediktinerregel pedo (VIII. Jahrh.) neben peider. Auffällig ist, dass sich die einzelnen Schriftdenkmäler fast ausschliesslich für die eine oder andere Form entscheiden, was annemen lässt, dass die Verwechslung nun keine willkürliche individuelle mehr, sondern schon nach Gaudialekten fixiert war. Die freie Verwechslung fiele demnach in eine sehr frühe Zeit. Auch der heutige Bauerndialekt hat eine zweite Form bëd- (»beeder Seiten«). — Goth. *mais*, *saivs*, *snaivs* etc. müssen in ihren altdeutschen Entsprechungen schon frühe das *ei* in die *ë*-Geltung hinübergeschoben haben, da nur mehr *mer*, *seo*, *sneo* (mehr, See, Schnee etc.) in althochdeutschen Schriften gilt, das *ei* aber nicht mehr. Die Germanistik setzt auf diese *e* ein Circumflex: *pêd-*, *mêr*, *sêo*, *snêo*, die bairische Aussprache behandelt sie jedoch ganz gleich mit dem *ë* z. B. in mhd. *rëht*, *sëhzec*, *bëten*. Auch die Doppelform lat. sculteta (scultetus) und altbair. sculthaiz (B. G.¹ S. 111, c. 1200) könnte als alte Verwechslung erklärt werden, doch liegt hier eine spätere Analogiewirkung vor.

Es mag ein uralter Gebrauch gewesen sein, dass *ë* gelegentlich mit dem verwandten *i* zu schreiben: vielleicht weil damals benachbarte Gaudialekte sich ungleich teils für *i*, teils für *ë* entschieden. Die

urkundlichen Namen wechseln fortwährend zwischen *Irm-* und
Erm-, sogar deutlich *Aerm-* (Förstemann I. S. 801), zwischen *Im-*
und *Em-*, u. s. f. — Wenigstens wäre dann *Arminius* bei Tac.
gegenüber sonstigem *Irminus* (I. Jh.; Förstemann I., S. 793) zu
erklären, denn das *a* vor *r* mag ein *e*ͤ sein; vergleiche umgekehrt griech. Ξέρξης, Σμέρδης, Πέρσης (ε = *e*ͤ) gegenüber per-
sischem Kshatra, Bardja, Parsa. Förstemann setzt (I., S. 377) unbedenklich einen *Aernolt* unter *Ernald*. — Die Ungarn sprachen den
Baiern-Österreichern seit c. 1000 ein ,Imrə' für *E[r]mrich* nach (vgl.
österr. ,ēlä' für *ērlich*, ,wâ˜lä' für *wœrlich* etc.) und noch die mittelhochdeutsche Schrift wechselt zwischen twîrgelîn und twᵉrgelîn (Zwerg),
twîrhes und twẽrhes, twîrhe und twẽrhe (quer, Quere). Wenn wir daher
einen Ort, welcher im VIII., IX. und X. Jahrhundert als *heíminka,*
heminkas, heiminkum, heiminga erscheint, plötzlich um 800 als »himinga« geschrieben finden (O. E.' S. 1), so kann dies nur eine hyper-
gescheide Schreibung für vermeintliches *hëminga* sein, indem abermals *ei* und *ë*, in der Aussprache *a*ͤ und *e*ͤ verwechselt wurden.

Kommt doch auch das Umgekehrte vor: *ë* wird zu *ei*. »*Emme-*
ramus« gehört mit seinem ersten Teile zum Stamme *Im-* (Förstemann I. S. 775 u. 778), das E ist also ein *ë*. Häufig erscheint das
auch anderwärts geläufige adventive H im Anlaut: *Hemmerammus.*
Wenn sich aber aus dieser Form nebenher ein ganz solider Name
Heimram, Haimrammus entwickelt, der sich bei Berchtesgaden noch
vor 1154 mit selbstbewusstem *æi* giebt (B. G.', S. 308), so ist an
die Stelle des richtigen *ë* bereits vollends ein eingewechseltes *ei*
getreten.[1])

Es sollte uns nun wundern, nachdem Übergänge des *a*ͤ (= althochd. *ei*) in den nächsthöheren Laut *e*ͤ (= *ë*) stattfinden, wenn
nicht auch solche in den nächstniedern ebenfalls sehr nahe stehenden
Vocal *a* (= ahd. *e*, Umlaut von ahd. *a*) vorgekommen wären. In
der That werden wir annemen müssen, dass noch bei Lebzeiten des
aͤ = ahd. *ei* jene Wörter ,nâ˜' ,âllvi' ,ân˜' etc., welche (§ 2) auch im
heutigen Bauerndialekte trotz sonstigem ,ͨ˜ä' für altes *ei* noch ,a' aufweisen,
dieses ihr hohes *a* gegen das regelrechte *a*ͤ eingetauscht haben; man

---

[1]) Dass *ë* schon urgerm. den Wert *e*ͤ hatte, behauptet auch Möller (Ztsch.
f. vgl. Spr.-F., XXIV. S. 508 f.); vgl. Braune fürs ahd. (§. 44, Anm. 2); Franck,
Ztsch. XXV, und Kauffmann, Gesch. d. schwäb. Mundart §. 69, 2 fürs Schwäb. —
Einen auffälligen Beweis, dass *e*ͤ mit *ei* verwechselt werden kann, liefert Stiebôck,
Wiener Dialekt, Wien, 1891 bei Klinkhardt & Co., S. 10.

begreift dann, dass dies nunmehrige *a* gleich dem hohen *a* des Umlautes auch im Bauerndialekte unberührt blieb, als das *a'* (= ahd. *ei*) sonst in *ài*, *oi* und später *ui*, *óà*, *úà* übergieng. Denn ein längeres Verweilen aller ahd. *ei* beim hohen ‚a‘, wie es im ‚herrischen‘ Dialekte bis heute statthat, ist für den Bauerndialekt nicht anzunemen, da sonst Verwirrung des Umlauts-*a* (= mhd. *e*) und des alten *ei* eingerissen wäre, aus der sich die Bauern unmöglich wieder zu der heutigen sauberen Scheidung emporgearbeitet hätten. Darum können wir ebenjene *ei*-Stämme mit hohem Dialekt-*a* nicht als Reste einer zeitweiligen allgemeinen Bauernaussprache ‚a‘ für ahd. mhd. *ei* ansehen. Diese ergänzende Bemerkung wolle sich der Leser selbst zu § 2 im Geiste hinzufügen, da ich sie dort der Verständlichkeit halber noch nicht vorbringen durfte.

Der ‚herrische‘ Dialekt, der jenes *a* = mhd. *ei* neben *a* = mhd. *e* des Umlautes durchgeführt hat, leidet thatsächlich an einer vollständigen Fusion beider Werte, so dass ‚Herrische‘, die bäurisch reden oder gar dichten möchten und daher zum ‚óà‘ = mhd. *ei* greifen wollen, auch jedes andere hohe *a* fehlerhaft in ‚óà‘ verwandeln: ungeheuerliches ‚nóạstl‘ ‚bóam‘ ‚soạn‘ für bäurisches ‚náſtl‘ (Aestchen), ‚bâm‘ (Baum), ‚sán‘ (sind) findet man bei Dialektdichtern à la Castelli und Cappilleri sogar gedruckt.

Also v o r dem XII. Jahrhundert behaupten wir die bairische, ja vielleicht allgemeine Aussprache des ahd. *ei* als *a'*. Da wird mancher Buchstabengermanist bedenklich das Haupt schütteln, als ob damit etwas ganz neues, unerhörtes gesagt wäre. Aber wir behaupten nicht einen Laut, der nur ausschliesslich in der Reihe der einfachen Vocale von *a* bis *i* vorkommt, das *a'* ist vielmehr ein Kreuzungspunkt z w e i e r Vocalreihen. Quer durch die Linie *a*, *a'*, *e'*, *e*, *i* läuft eben eine andere Linie *ái* (und *áie*), *a'*, *ài* und *àə* der Ei-Laute, wie wir sie thatsächlich auf deutschem und speciell bairischem Sprachgebiet sich abwickeln sehen werden: vom wirklichen Diphthong mit hohem *a* und deutlichem zweiten Vocal zur ‚Verengung‘ und wieder zur Diphthongierung mit dumpfem *à* und deutlichem zweiten Vocal, wie unsere Bauernsprache im Folgenden zeigen wird. In *a'* kreuzen sich beide Vocalreihen, es bleibt dem Geiste ganz unbenommen, beim *a'* sich in die Reihe der Ei-Laute zu denken, d. i. einen Diphthong zu meinen und zu schreiben. Ja diese psychologische Auffassung ist historisch die einzig denkbare.

Gleichwol müssen wir die Geltung des w i r k l i c h e n Diphthonges *ái* fürs Bairische wie fürs Niederdeutsche in ungewisse Vorzeit zurück-

schieben. Niederdeutsches offenes *e* in tw*ê*, m*êst*, *ên* etc. lässt sich wol
nur in ein *a'* der allgemein möglichen Entwicklungslinie der deutschen
Ei-Laute einangeln, gerade an der Stelle, von wo aus die bairische
Spaltung des urspr. Wertes in ‚a‘ und ‚oi‘ (òu) entspringt. Man berufe sich
auch nicht auf das gothische *aí*, als wäre dieses ein deutlicher wirklicher
Diphthong, nicht blos ein vermeinter. Die heutige Unterscheidung der
Germanisten in *aí* und *aí* kann, wenn sie überhaupt in der echten
gothischen Aussprache begründet ist, nur zwei s e h r ä h n l i c h e Laute
bezeichnen, denn sonst hätte Ulfilas sicherlich auch zwei deutlich
verschiedene Zeichen gebrauchen müssen. Ist aber das angebliche
aí ein offenes *e* gewesen, wie es in *aí*piskaupus, Al*aí*ksandrus etc.
wegen griech. ε, ferner in Flexionen (»frauja arm*aís*« bei St. Augustinus
»frois armes«, Ver. f. Lk. v. N.-Ö. XXIII, S. 421) und anderen
Fällen angenommen werden muss, dann kann auch das angebliche
aí nicht viel anders gelautet haben. Das Griechische, dessen Vocal-
system Ulfilas nachgebildet, bezeichnet mit seinem αι auch das *e* (= goth.
aí) von Boiohemum oder Boiohœmum des I. Jahrhunderts (Fürstemann
II. S. 297 ff.); Strabo schreibt Βονίαιμον, Ptolomaeus Βαινοχαίμαι.
J. Grimm, Gramm. S. 583 führt noch ein *þ*αίκτωρ für lat. rector,
Γραικός für lat. Graecus an, und lat. *ae* == griech. αι (Αἴγυπτος,
*Ae*gyptus etc.) ist bekannt. Es wird sich schwer halten, dem goth.
aí der betonten Stammsilben einen andern Wert beizumessen als
Brück's *a'*. Grimm hat an der angezogenen Stelle zwei Irrtümer: er
glaubt, die »Corruption« von *aí* müsse ein *ê* = griech. η, ergeben,
was ja ein geschlossenes *e* wäre; und dann denkt er gar nicht,
dass im Gothischen für den Diphthong *aí* lautphysiologisch eine
factisch e i n f a c h e Vocalnuance möglich sei; daher glaubt er, die
griechischen αι mit ihrer monophongischen Aussprache seien dem
entsprechenden gothischen Lautwerte nur »nahegelegen«, da dieser
durchaus diphthongisch sein müsse.

§ 16. Wir führen die uns verfügbaren Beispiele von bairischen
e-Schreibungen für ahd. *ei* möglichst chronologisch auf, um im Sinne
der obigen Erörterungen (§ 15) die Aussprache dieses Diphthongs
als überoffenes *e* (= *a'*) darzuthun. Ein bairisches *E*tirhouen neben
jüngerem oftmaligen *Ei*terhouen, *Ai*terhouen findet sich zwischen 1070
und 1095 (B. G.¹ S. 37); steirisches wagreni ̦in echten Original-
handschriften — gegenüber älterem wagr*ei*ni — einmal 1050 und
zweimal 1057 (U. St.¹ S. 67 u. 73); ein gisteni aus gl. Mons. für
gist*ei*ni, ein geslicho und heligero für ge*ei*slicho und h*ei*ligero aus

Physiol. führt Weinhold b. Gr. § 45, S. 57 an. Ein steiriscber Henrih begegnet c. 1030 (U. St.[1] S. 55), der österreichische Markgraf erscheint in der Form Henrico vor 1011, in der Form henrici 995 (Meiller, Regesten S. 2 u. 3); 1014 (S. 4) Henrici, 1056 (S. 201) Henrici. Weinhold bringt aus dem IX. Jahrhundert ein mestara, enemo, renidu für meistara, einemo, reinidu (Freisinger Handschrift des Otfr., b. Gr. § 45, S. 57), ein arteltun für arteiltun (Weinh. druckt fälschlich urteltun) aus Isid. 2; neben pedahalp auch ein fredic für freidic aus gl. Hrab.; aus den Zeiten Karls des Grossen ein heli für heili (Exhort.), ein nohenig nnd wez für noheinig und weiz (frag. theod.), ein sten für stein (Muspilli), ein suezchol für sueizcholi (Lex Baiuw., Weinh. § 45, S. 57 und § 23, S. 39). In oberösterreichischen Urkunden (O. E.[1]) finden wir neben oftmaligem heiminga, heimingon, heiminkum, heiminka (zwischen c. 768—901) und Haimingen (c. 1180, S. 235) auch ein hemingas c. 828, S. 466, ein hemingus c. 776, S. 441, ein heminkas und zweimaliges heminkum c. 768, S. 440; über himinga c. 800, S. 1 siehe § 15.

§ 17. Ein eigentümliches Bewandtnis hat es mit der Aussprache und Schreibung des ahd. ei = agi, ege. Ist, wie in der Folge gezeigt werden wird, der Umlaut des a (welches als Grundlaut dumpf gesprochen wurde und wird) im Bairischen stets ein hohes a gewesen, so ergiebt sich aus agi nach Verschleifung des g der Diphthong ai, resp. besser aë — geschrieben ei — von selbst (s. oben § 15). Demnach ist, da die Verschleifung eines g zwischen zwei Vocalen in schnellerer Rede nichts Auffallendes hat, diese Diphthongbildung doch sicherlich möglich gewesen, nicht nur fürs Fränkische (e, + i?) und Schwäbische (a^e + i), sondern auch fürs Bairische (a + i), was überall ei oder ai geben musste. Trotzdem wollen die ahd. Schriftsteller nichts davon wissen. Graff kennt nur ahd. magad, magid; blos ein Wiener Codex bietet ihm fürs XII. Jahrhundert die Formen meit, maide, meide (II. S. 630); von tragan weiss Graff nebst vielen tregist, tregit ein einziges fertreit erst bei Notker nachzuweisen (V. S. 498), selbst »Getraide« hat nur die Formen getragide, getrægide, getregide (S. 501). In den zahlreichen Formen des Verbum sagên und Compositis kennt Graff nicht eine Contraction des age zu ei; umso bezeichnender ist es, dass antseida, antseidôn, antseidig (für antsegida, antsegidôn, antsegidig) mit contrahiertem ei regelmässig erscheint, offenbar, weil die Schriftsteller sich hier der Etymologie nicht klar bewusst waren und daher den uncorrigierten Laut der Volkssprache direct aufnamen. Ant*se*ida neben ant*se*gida heisst »Entschuldigung«, und wird mit excusatio, depulsio, defensio, occasio von ahd. Schriftwerken wiedergegeben, was beweist, dass man an die Ableitung von sag*ên* zu denken sich nicht Gelegenheit nahm. Während sich also die ahd. Schriftsteller, so weit ihre etymologische Kunst reichte, bemühten, diesen Diphthong *ei* (aus -agi-, -ege-) zu unterdrücken, so zeigen deutlich die alten Namen, in denen ebenfalls die vergessene Etymologie sowie das individuelle Beharren der Namenträger beim gewöhnlichen Lautwerte jede gelehrte Restauration verhinderten, den Bestand dieses secundären *ei* schon in den frühesten Jahrhunderten. Förstemann I. S. 11 ff. kennt urkundliche Personen, deren Namen zwischen *Agio* und *Aio* wechseln (*Eio, Ejo* schon aus dem VIII. Jahrhundert); neben *Agia* eine *Aia* oder *Aie* aus dem XI. Jahrhundert; neben *Agido* einen *Aidi*, neben *Aibet* einen *Egipet*, neben *Agabert* einen *Aibert* schon aus dem Jahre 713, neben *Agafrid* ainen *Aifred*, neben *Agihard* einen *Aiard* und *Eihhart*, neben *Agihar* einen *Aiher*, neben *Agohildis* eine *Eihilt* und sogar schon eine *Ahildis*, wo *a* wol doch = *a'* zu denken ist; neben *Acland* einen *Ailand*, neben *Agomar* cinen *Aimar* u. s. f. Was die Composita des Stammes *ag-* zeigen, findet sich auch bei Derivativis von *agil-*: *Agila* und *Ailo*, *Aile*, *Eila*, *Ailus*, schon 834 *Eile* (Förstemann I. S. 23 ff.): fem. *Agila* und *Eila*, *Aila*, selbst *Aella*; ähnlich die Composita mit *Agil*. Ebenso zahlreich findet sich die Contraction zu *ei* in den Namen, die den Stamm *Agin* oder *Agis* enthalten (S. 31 ff.): *Agenrich* ergiebt sogar einen Aenricus 1049, S. 35. Der Stamm *Dag* erleidet Contraction in *Daibert* (S. 327) aus Dagaperht und anderen Compositis; sogar ein *Denbert* für *Daginbert* kommt 1094 vor. *Faginhild* und *Fainildis*, *Faginolf* und *Fainulf* S. 396. *Hagano* giebt *Haino*, *Heino*, sogar 690 ein *Chaeno* (? S. 578); die Composita mit dem Stamme *Hagan* zeigen Aehnliches. Die Stämme *Mag* und *Magan*, *Nac* (*Naildis* = *Nac-hilt*), *Rag* und *Ragan* bieten eine Fülle uralter Contractionen zu *ei*, z. B. *Meilo* für *Megilo* 837 (S. 885 ff.), eine *Meina* für *Megina* aus dem X. Jahrhundert, eine *Meinza* 1020, eine *Meinburga* 1003, einen *Menfred* 862, einen *Mengaz* aus dem IX., einen *Mengott* aus dem X. Jahrhundert, einen *Renwin* für *Reginwin* 805 (S. 1028) einen *Reinhard* im VIII. Jahrhundert (S. 1019) u. s. w. Dieses *ei* wird öfter durch *æ*, *e*, selbst *a* ersetzt, leider hat Förstemann seine Quellen nicht nach Mundarten gesondert; Schreibungen mit *a* vor dem XII. Jahrhundert dürften nach unseren obigen

Bemerkungen wol nicht bairisch sein, da das Zeichen *a* nicht so leicht für drei Werte (Brücke's *a°*, *a* und nun noch dazu *a°*) ver- wendet worden sein dürfte.

Wir begreifen die Abneigung der gebildeteren Schriftsteller gegen dieses *ei* (aus *agi*, *ege*), welches in den Urkunden schon seit dem 8. Jahrhundert häufig ist, im ahd. Sprachschatz aber erst seit Notker sporadisch erscheint. Bildung besteht ja grossenteils darin, dass man zusammengesetzte Vorstellungen in ihre Einzelheiten (Merk- male) zerlege; dass man Wesentliches vom Unwesentlichen unter- scheide. Eine sprachliche Bezeichnung, welche dieser Anforderung Rechnung trägt, wird der Bildungsbeflissene immer einer anderen Ausdrucksweise vorziehen, welche die Einzelnheiten einer Vorstellung, Wesentliches wie Unwesentliches, in ein einziges akustisches Zeichen zusammenwirft. Die Form: er »trag-it« oder »treg-et« legt das Wesentliche der Wortbedeutung in die Stammsilbe; das Acciden- tielle der Person und Zeit in die Endungssilbe; die Form »treit« giebt beides vermischt in einer Silbe. Das Kind lernt die Sprache nicht grammatisch, nicht deductiv, indem es etwa zuerst das Wesent- liche (den Stamm) auffasste und daran das Unwesentliche (die Conjugationsformen etc.) knüpfte: im Gegentheile, es lernt zuerst die unwesentlichen Einzelerscheinungen, aus welchen es erst nach und nach zum Gemeinsamen, Wesentlichen emporsteigt. So wäre für das erste kindliche Geistesbedürfnis die Form treit, welche eine Einzel- erscheinung mit vermischten wesentlichen und unwesentlichen Merk- malen durch eine Silbe bezeichnet, genügend; ein entwickelterer Sprachsinn wird die Form »treg-et« verlangen.

Die Mehrzahl der Stammesgenossen, Bauern und gemeine Leute, gehören dem kindlichen Stadium der Geistesbildung an, sie verleihen durch ihr physisches Gewicht solchen Formen wie »treit« die Mög- lichkeit, ungeachtet des Widerstrebens der Höhergebildeten ihre Carrière zu machen. Die Schrift vermag nichts gegen die Bauernsprache, aber — sie kann lange zögern, eine solche nach rein physiologischen Gesetzen, ohne Zuthun des Bewusstseins, auftauchende Form anzunemen, und kann sich von derselben, sobald deren physisches Leben sich dem Ende zuneigt, frühzeitig trennen. Wir begreifen jetzt, warum die ahd. Schriftsteller sich so lange gegen die seit Jahrhunderten schon dialektisch vorhandene Contraction des *agi (ege)* zu *ei* sträubten, und warum sich die Schrift und selbst die »feineren« Dialekte schon seit Anfang der nhd. Periode von derselben entfernt haben, obwol

diese Contraction in verlassenen Gegenden, bei ungebildeten und ab-
geschlossenen Menschen (Oberösterreich, Salzburg, Baiern) in den
Formen ,froàd' ,soàd' ,troàd' === fragt, sagt, tragt etc. noch bis
heute fortlebt, der nhd. vereinzelten Formen Getra*i*de, Ma*i*ster etc.
nicht zu gedenken.

So allgemein und reichlich wir aber dieses ahd. *ei* aus *agi* (ege)
bei Förstemann I. nachzuweisen in der Lage waren, so ungereimt
wäre es, wenn wir dasselbe auch speciell für das Bairische anerkennen müssten.[1]) Das altbairische *ei* vor 1100 war ja kein richtiger
Diphthong mehr, nur ein vermeintlicher: es war ein *a·*. Aus dem
agi entstand aber nach bairischer Umlautung ein *ege*, d. i. aus tiefem
à *(àgi)* ein hohes *a* (,age'); selbst wenn sich das *g* sehr früh verflüchtigte — wogegen aber bairische Schreibungen mit k (Me*k*ilo,
Mec*h*inpreht, Ta*k*aperht, sämmtlich vor 811, Abh. d. hist. Cl. der
bair. Ak. der Wschft. XII.[1] S. 225 ff.) sprechen — so war doch das
nächste Product aus zwei Silben notwendig mindestens ein Diphthong *(aï)*, ein wirklicher und deutlicher, während der bairische Wert
=== echtem ahd. *ei* schon längst ein einfacher sehr offener *e*-Laut war.
So wird unmöglich in unserer Periode im Bairischen das *ei* der Schrift
für *agi* oder *ege* sofort haben eintreten können.

Prüfen wir die alten bairisch-österreichischen Urkunden. Das
Urkundenbuch von Steiermark I. (S. 969) hat — neben Tag*i*ninus
1007, Tag*i*no (-geno, -gno) noch 1125—1185, D*e*genhardus noch 1140
— einen De*i*nhardus erst c. 1190 (S. 711) in einer Salzburger Tradition;
den Tra*i*boto, der übrigens auch erst c. 1190 erscheint, werden wir
seines *ai* (nicht *ei*!) wegen erst nachher besprechen. Namen mit *Egi-
Egil-, Egin-* (S. 970) kommen zwischen 927—1185 vor, aber kein
ei: das *E*igil 1140 S. 195 meint mit seinem *ei* kein *agi, ege* (sonst
müsste es *E*il heissen), ebenso wenig wie das *E*izzilo S. 928, S. 22
für *E*zzilo, sondern nur der Umlaut (hohes *a*) mit beginnender Mouillierung, indem das *i* der folgenden Silbe sich vordrängte. Von den
vielen Compositis mit Megin- finden wir erst c. 1070 einen M*e*nhalm
(S. 81) gegen volles M*e*ginhalm noch c. 1030 (S. 55), und räthselhaftes,
wol irrtümliches M*e*ngelhalm in der Abschrift einer Urkunde aus
1096 (S. 102). Erst mit c. 1150 (S. 324), 1161 (S. 429), c. 1190
(S. 701) beginnen die M*e*inhalmo, M*e*inhalmi, Ma*i*nhalm regelmässiger

---

[1]) Da Kauffmannn, Gesch. d. schwäb. Mundart, S. 91 auch für das
Schwäbische den Gleichklang von echtem ahd. *ei* und dem *ei* aus *ege* zurückweist,
bleibt derselbe vorläufig nur mehr für's Fränkische und für die Schriftübung.

aufzutreten. Me*ginfrit, Me*ginher, Me*ginuuart (noch 1140—1160, S. 977 f.)
kennen keine Contraction in ahd. Zeit; Meginhart wechselt erst
c. 1050—1185 mit — nur lateinischem — Meinhardus, Menhardus.
Da die lateinischen Schreibungen von einem Volksstamm zum andern
sich nur schriftlich fortpflanzten, so zeigen sie natürlich mehr althochdeutsche als specifisch bairische Lautform. Me*gingoz (so 928,
S. 22) verwandelt sich erst 1130—1179 in Me*ingoz, Me*ngoz, Meingotus (S. 977). Ganz ähnlich verhält sich's mit dem Stamme Ragin-,
Regin-; Ragimboto und Regimboto wechseln erst c. 1155 bis c. 1190
mit Reimpot, Reinpot (S. 979); 928, S. 22 erscheinen Reginperht,
Reginhart, Reginolt, 942 S. 26 Reginpreht, c. 1070 S. 81 ebenfalls
Reginpreht, erst 1100 S. 104 Reinbertus in einer noch dazu neuen
Abschrift einer St. Pauler Tradition.

Nicht anders, als die steirischen und kärnthischen Urkunden
verhalten sich die österreichischen. Ausschliesslich Me*ginhart, Me*ginhardus zeigen Meiller's Regesten von 1122 (S. 15) über c. 1101
(S. 11) bis 944 (S. 2). Die Re*gingerus, Re*ginhardus von 1124 (S. 17)
finden ihr Gegenstück in Re*ginlinde 1025 (S. 5). Eg*il und eg*ilinsteti erscheint 944 (S. 2); Hagingruobe c. 1074 (S. 9) wie Haginfeld für heutiges Hainfeld noch c. 1161 (S. 44). Ich treffe kein einziges ei in der ahd. Zeit für agi, ege, mit Ausnahme zweier Fälle:
Tre*isima 944 (S. 2) und Tre*isem 1074 (S. 9). Die erstere Schreibung
ist schon deshalb auffällig, weil dieselbe Urkunde sonst eg*ilinsteti,
Eg*il, Me*ginhart schreibt; überhaupt auffällig muss aber so frühes
contrahiertes ei in diesem Stamme schon deshalb sein, weil für altes
Tragesima ein Tra*hisme 1153 (Ver. f. Lk. v. N.-Ö. 1887, S. 14) wieder-
erscheint. Keineswegs aber kann so ein einzelnes ei für ege die Abneigung der alten bairisch-österreichischen Schreibung gegen diese
Contraction Lügen strafen.

Nemen wir die ältesten »Quellen zur bairischen und deutschen
Geschichte«, also den ersten Band (B. G.[1]) zur Hand, so lesen wir
(S. 510) den heutigen Ort Ei*lsbrunn in Ldg. Kelheim zwischen
1070—1201 circa zehnmal, aber immer o h n e Contraction: Eglis-
brunnen, Eg*ilespruonne, zweimaliges Eigilsbrunn zwischen 1070 bis
1143, wo aber das Ei nur den (mouillierten?) Umlaut des a bedeutet;
S. 511 Egilolf, Eigilswanch; S. 438 sogar älteres Agil-, Aegil-. Eben-
sowenig wie der Stamm Agil- kennt der Stamm Taga-, Tagan- zur ahd.
Zeit im Bairischen Contraction: Taegeno, Taegerich, Tegerich, Tagahrat,
Tagamar, Tegeningen, zehnmaliges Deginhard, Deginhart, Degenhart

(S. 505), aber erst 1177—1201 (S. 114) einen, noch dazu nur lateinischen Deinhardus und erst 1201—1217 (S. 140) einen deutschen, also echt bairischen Deinhart. Ein Taesenbach S. 321 c. 1180 für Teginzinbach zu erklären (vgl. niederösterr. Teesdorf) geht wegen des heutigen Tachsenbach nicht an. Eher mag Hænenkouen S. 215, c. 1190, das heutige Hänkofen, auf Hagininhouen zurückzuführen sein, trotz Hanenbach S. 243 vor 1183 (heute Hahnbach), da ich mir viel leichter ein »Hof des Hagen« als des Hahnes denke. Doch zeigt Hagenahe S. 522 keine Contraction. Neben vielen Compositionen mit vollem Megin- (S. 534 f.), sogar Mengin- (S. 32, 1048 bis 1064) erscheint ein Mengoz erst c. 1130 (S. 183), ein Meinhart erst 1201—1217 (S. 143), lat. Meinhardus c. 1150 (S. 324) und c. 1200 (S. 354), ein lat. Meingodus wiederholt zwischen 1140 bis 1200 (S. 250 und 351), ein Mencinc, was wol als Meginzinzo zu erklären ist, zwischen 1095—1143 (S. 300). Von den vielen Zusammensetzungen mit Regin- (S. 543) kommt der erste vereinzelte Reimpreht erst c. 1130 (S. 260) und ein lat. Reinbertus c. 1140 (S. 279) vor. Ein Reinpolsheim c. 1170 (S. 342), ein Rengeresrith c. 1180 (S. 286), ein Reinhart c. 1200 (S. 215), ein Rembart c. 1220 (S. 189). Also keine einzige Contraction zu ei aus der ahd. Zeit.

Gleiche Abneigung gegen die Contraction ei zeigen auch die bairischen Urkunden vor 811 (Abh. d. hist. Cl. der bair. Akad. der Wissenschaften XII¹, S. 225 ff.). Ohne Contraction bleiben die Wörter Agil- (Aigil-, Egil-), Baganza 785, Chagan c. 800, Deganheri 792, Egeno, Egino c. 780, übh. Egin- und Egi-, Gaganhart 749 und Kaganhart 776—811, Haguno 777—809, Hagustalt c. 770, Maegilo (sogar Mekilo) 749 und 777, Maginrat, Meginrat 778—809, Maginperht 779, Meginperht 778—810 (auch Mechinpreht), Meginfrid 791, Megin- und Maginhart 772—811, Meginhelm 770—805, Meginolt 779. Neben Regilalt kommen circa 20 Zusammensetzungen mit Regin- vor, durchaus ohne Contraction; desgleichen nur uncontrahiertes Tagaperht, Tagi-, Tagobertus, Takaperht.

Nur die latinisierenden Salzburger Urkunden (»J. B.«), welche — da in der allgemeinen lateinischen Form gleichmässig alle Dialekte zur Geltung kommen konnten — fürs Bairische nicht zuverlässig sind, bringen drei Reimbertus, einen Reinhalmus, einen Meinsteinus und einen Meingoz. Auf fremden (fränkischen) Einfluss wird auch die auffällig consequente Schreibung Einhart (selbst Ainbart) sowie die noble Namenszeichnung des comes Meinhardus c. 750

zurückzuführen sein. Hingegen ist für *Einheri* zu lesen *Emheri*, und der Einricus S. 230 ist ein Heinricus.

Wir sind also durch diese Nachweise sicher, dass das Bairisch-Österreichische selbst in den Urkunden bis gegen 1100 hin die Contraction *ei* für *agi, ege* nicht angenommen hat, wie wir ja bei unserer phonetischen Voraussetzung, altes *ei* sei vor 1100 wie *a'* gesprochen worden, schon im Vorhinein erwarten mussten. Denn da *ege* zunächst zweisilbig, das erste *e* als Umlaut wie reines hohes *a* zu sprechen war (s. unten), so lag bei noch so flüchtiger Aussprache des *g* die alte etymologische Schreibung doch noch immer näher, als der einfache Laut *a'* mit seinem Zeichen *ei*, und so blieb man bei der Schreibung *ege* (agi, egi) und vermied diese *ei*.

§ 18. Anders, wenn auf das *agi, egi* noch ein Vocal folgte. Wurde das *g* verflüchtigt und das folgende *i* als Anlautsconsonant zur nächsten Silbe hinübergezogen, so blieb von der ganzen Lautgruppe nur hohes Umlauts-*a* übrig, welches die ältesten Urkunden auch sonst überall bald mit *e* bald mit *ae*, bald zweideutig mit *a* bezeichneten. Aus Agio wurde also ein *E*-io, *Ae*-io oder *A*-io, welche Formen schon 758—780 auftauchen (l. c. S. 230); M*aio*, M*eio* für M*egio* 762—788 (S. 237); ein zweimaliger M*eiolt* für M*egiolt* erscheint 975—1001 (B. G.¹, S. 9).

Etwas ganz ähnliches liegt vor im alten *Pagiri*, Baier (Weinh. b. Gr. § 39, S. 52); das ursprüngliche tiefe *a* des Stammsilbe — vgl. »Boii« — erlitt analogen¹) Umlaut: P*egiri* (Weinh. § 45, S. 56 und Zeuss, Herkunft der Bayern, S. 14); wie wir sehen werden, bedeutet dieses *e* für Bairische nur ein hohes *a*. Drang nun das mouillierende *i* der Ableitungssilbe in die Stammsilbe vor, so entstand P*aigiri*, P*eigiri* (Zeuss, l. c.). Diese Mouillierung bedeutet aber keine wesentliche Änderung des Lautes, da ja das Zeichen *g* ohnehin nur ein *j* und kein ernstliches *g* meinte, es fällt jetzt die palatale Reibungsenge einfach in die Mitte des i-Lautes, so dass dieser halbiert wird und zum Teile in die Stammsilbe, zum Theile in die Nachsilbe fällt, während ohne Mouillierung diese Enge vor dem *i* gebildet und dieses ganz der Nachsilbe zugeteilt wird. Geht das tonlose Stück *i* der Nachsilbe in einen andern tonlosen Vocal über (a oder e), so entsteht aus P*eigiri* ein

---

¹) Wenn wir nämlich die in § 28 berührte Erklärung des ersten Umlautes beibehalten, andererseits aber die Ableitung von *Boi-i* annehmen, müssen wir schon so frühe einen »analogen« Umlaut anerkennen.

Pei̯jari, Pei̯jere, was aber nur Pei̯ari, Pei̯ere geschrieben wurde.[1]) Alle diese Formen belegt Zeuss l. c. aus dem IX. Jahrhundert, *Peiere* (im Gen.) aus dem Jahre 1062.

Erst gegen 1100, als die sonstigen *agi* (egi, ege) auch bairisch mit *ei* geschrieben wurden, d. i. als der Diphthong $a + i$ oder $a + e$, der aus *agi* zunächst entstanden war, schon zu *a'*, also zu dem Werte der andern altbairischen *ei* sich verengt hatte, mochten auch die obigen »*Ae*-io«, »*Me*-io« phonetisch in *A'*o, *Ma'*o geändert worden sein, und auch das ältere Peiere, das noch einen Reibelaut hatte, kommt um diese Zeit wiederholt als (pl.) *Beire* vor: wo *ei* offenbar nur den gewöhnlichen Laut des Schreibdiphthongen (also *a'*) haben konnte.[2])

§ 19. Man ist gezwungen, um 1100 endlich auch im Bairischen genau einen und denselben Lautwert (*a'*) für altes echtes *ei* (§ 15 und 16) und für die secundären *ei* aus umgelauteten *agi*, *ege* anzunemen, weil an der Scheide des XI. und XII. Jahrhunderts in der Aussprache des ahd. *ei* bedeutsame Veränderungen vor sich giengen, und diese zwei Arten von geschriebenem *ei* sich denselben gleich- mässig unterziehen: alle wurden in der »herrischen« Aussprache zu reinem hohen *a*, in der bäurischen zu *ài*, *oi*, — wie bezüglich des herrischen *a* bereits gezeigt ist, bezugs des bäurischen aber in der Lehre vom heutigen dialektischen ‚*ôi*‘ nachgewiesen werden wird. Unmöglich hätte dies der Fall sein können, wenn nicht beide Arten von *ei* gleich ausgesprochen worden wären.

Bevor wir aber eine rückschreitende Übersicht über unsere bisherigen Ergebnisse entwerfen, müssen wir noch ein nicht unwichtiges Bedenken beseitigen. Die gewissen *ei* aus *agi* waren vor 1100 im Bairischen zur Not entwickelt, und zwar nur, wie wir gesehen, unter der Voraussetzung, dass das *a* der ersten Silbe vorerst (in hohes *a*, geschrieben *e*) umgelautet, beziehungsweise in der unver- dumpften Geltung belassen worden war; der Diphthong *ai*, der ja

---

[1]) Wollen wir aber in »Peiari« »Peiere« das *i* selbst als *j* lesen, so bleibt für *e* nur die Deutung == hohem Umlauts-*a* übrig, eine Mouillierung ist dann so wenig vorhanden wie in »Pagiri« »Pegirl«.

[2]) Erst von diesem »Beire« an dürfen wir an ein eigentliches ahd. *ei* denken. Bärisch Gräz (sprich bärisch Gräz) für »bairisch Graz« im Gegensatz zu Windischgräz (s. § 9) reicht bis ins XVII. Jahrhundert. Die heutigen »Herren« und Stadtleute, welche berufen wären, dieses hohe *a* in »Baiern« und »bairisch« aufrecht zu erhalten, wie sie sonst dialektisch noch zwa, gjat, trad sprechen, haben sich aber das buchstabengelehrte Baiern mit diphthongischen *ai* angewöhnt. Die Bauern sprechen noch ihr *Bŭŭlŭnd*, *bŏŭrisch*, *Bŭŭnfiä'l*.

hohes a enthält, und folgerichtig ein Contractionslaut *a*ͦ wäre ohne Umlaut nicht möglich. Dieser Umlaut ist in Compositis mit *Megin*-, *Regin*- zweifellos vorhanden gewesen, was ja die häufigen Schreibungen mit den soeben gegebenen Buchstaben beweisen (obwol Förstemann Magan-, Ragan- ansetzt). In anderen Stämmen, z. B. Hagan-, Traga-, bei denen der Dialekt bis heute auf der Umlautslosigkeit beharrt (Eigenn. ‚Hôn̄‘ = Hagen), mag zwar unechtes *i* in der zweiten Silbe unterlaufen sein (Hagingruobe, c. 1074, Meiller, Reg. S. 9; Haginfeld für Hainfeld c. 1161 S. 44); aber dieses *i* bewirkte, wenigstens sofort, keinen Umlaut, weil es unorganisch war wie etwa ein kurzes *u* (Hagustalt, c. 770, Abh. d. hist. Cl. d. bair. Akad. d. Wissensch., XII¹, S. 232, oder Haguno, 777—809, ebda.). In anderen Dialekten, wo das *a* von vornherein ein hohes war, bedurfte es keines Umlautes, um mit — wenn auch unechtem — i den Diphthong *ai, ei* zu bilden; aber in unserem Dialekte konnte doch unumgelautetes tiefes *à* mit (unechtem) *i* nicht den Diphthong *ai* oder *ae* (mit hohem *a*), geschweige dann den einfachen Laut *a*ͦ bilden, welcher sonst dem ahd. *ei* entsprach.

In der That fällt uns in die Augen, dass eine steirische Original-Urkunde um 1070 (U. St.¹ S. 81) neben regelrechtem M*ei*nhalm ein zweideutiges Ha*i*barn schreibt; denn das *ai* kann ja auch tiefes *à* enthalten. Diesen Schreibunterschied behält eine Urkunde von 1160 (S. 389) bei, obwol sie die Diphthonge in ihre Ursprungswerte reconstruiert: neben M*egi*nher ein Ha*ge*barn. Also während der Stamm Megin Umlaut (d. i. hohes *a*) hat, hat der Stamm Haga- einen davon verschiedenen Stammvocal, also tiefes *à*. Dieses tiefe *à* erkennen wir auch in Tra*i*boto (U. St.¹ S. 704 c. 1190, neben St*ei*nebach und oftmaligem H*ei*nricus), in fernerem Tra*i*boto (S. 707 c. 1190 neben Kirich*ei*m und sogar St*eu*n) und nochmaligem Tr*ai*bot (S. 714, 1191 neben H*ei*nricus, St*ei*n und zweimaligem Val*ei*).

Da, wie wir sehen werden, der Bauerndialekt adh. *ei* (das bairische *a*ͦ vor 1100) seit Beginn des XII. Jahrhunderts mit tiefem *ài* wiedergiebt, so fallen in ihm die alten Contractionen aus *egi* (mit echtem *i*) und die neuen aus *aga, agi* (mit unechtem *i*) leicht in *ài* zusammen. Uns quält nur der »herrische« Dialekt, welcher nur altes *a*ͦ (= *ei* = echtem *ege*) seit 1100 in hohes *a* verwandelt hat, nun aber die späteren *ài* (= *aga* = unechtem *agi*) z. B. in Ha*i*barn, Tr*ai*boto ebenfalls appercipieren soll, ohne das verachtete bäurische *ài, oi* (heute ‚ôa̍‘) aufzunemen.

Aber wie die Herren selbst, so macht sich's auch ihr Dialekt bequem. Er lebt von der Bauernarbeit. Weil im Bauerndialekt die echten *ei* aus alten *egi* ebenso wie die unechten aus *aga* gleichmässig wie *ài* mit dumpfem *a* gesprochen wurden, so setzt der herrische Dialekt einfach für dieses dumpfe gemeinsame *ài* sein ihm geläufiges *a* auch dort, wo er ein solches nach innerer Berechtigung nicht haben könnte. Wir haben ja derlei abhängige »Verbesserungen« des Herrendialektes aus dem Bauerndialekte bereits erwähnt (§ 9 u. 10) und werden deren noch mehr begegnen. Also gerade weil die Bauern Trȧibot, Hȧibarn neben Mȧinhart, Rȧinhart sprachen, so sagten nun auch die Herren sehr bald Trābot, Hābarn, wie sie ohnehin schon Mānhart, Rūnhart zu sprechen gewohnt waren. Somit machen uns die unechten *ai* aus *aga* gegenüber den echten *ei*, *ai* aus *agi*, *ege* weder im »herrischen« noch im Bauerndialekt irgendwelche weitere Schwierigkeiten. Es bleibt sonach auch weiter für keine Frage Raum offen, weder im »herrischen« noch im Bauerndialekte, ob das unechte i (in agi aus aga) bei der Contraction vorerst unechten Umlaut bewirkt habe oder nicht.

§ 20. Nun können wir wol eine Übersicht der Entwicklung des ahd. *ei* auf bairisch-österreichischem Boden geben, soweit uns diese beim hohen *a* interessiert. Ahd. *ei* lautete als blos vermeintlicher Diphthong seit unbegrenzbarer Vorzeit wie *a⁔*,[1] etwa wie der Wiener »Pülcher« das neue *ei* spricht (dra⁔ = drei, Ha⁰s = Haus). Das *a⁔* = ahd. ei stand in der Mitte zwischen gleichzeitigem *e⁔* = ahd. ĕ, und hohem *a* = ahd. e (Umlaut von bairisch tiefem *a*). Dieselbe Reihe *a*, *a⁔*, *e⁔* hält nach Winteler, »Kerenzer Mundart« S. 124, bis heute noch der alemannische Dialekt, der überhaupt einen ältern Vocalismus als das Bairische zeigt,[2] genau ein; ein Beweis, dass es

---

[1] Noch könnte jemand den Einwand machen: Wenn ā für ahd. ei gesprochen worden wäre, so hätte immerhin noch das Zeichen *a* dafür geschrieben werden können, da *a* dem ā ganz nahe stehe. Solche Schreibungen kommen aber vor dem XII. Jahrhundert nur höchst vereinzelt, bairisch vielleicht gar nicht vor. Aber das Zeichen *a* hatte schon seit den ältesten Zeiten im bairischen Dialekte zwei Functionen: für hohes *a* und, wie wir sehen werden, für dumpfes *a* (Brücke's ā). Für ā einzutreten, wäre also gar eine dritte Function eines einzelnen Zeichens gewesen, was man natürlich ohne weiteres vermieden hat. Erst als das ahd. *ei* aus dem Lautwerte ā bei einem Teile unserer Stammesvorfahren in reines *a* übertrat, konnte auch das Schriftzeichen *a* dafür angewendet werden (seit dem XII. Jahrhundert).

[2] Hohes *a* in Vater, habe etc.; altes ī in wīs, mīn, dīn; altes ū, altes iu (ü) etc.

dem Oberdeutschen möglich war, jene drei nahen Laute im Ganzen voneinander zu unterscheiden. Allerdings meint die Kerenzer Mundart mit ihrer Reihe *a*, *a'*, *e'* die ahd. Worte *a*, *e*, *ë*, weil das Alemannische das tiefe bairische *a* nicht kennt und daher für den Grundlaut hohes *a*, für den Umlaut den Wert *a'* einsetzen musste; so dass schon hieraus ersichtlich ist, dass ahd. *ei* im Alemannischen diphthongisch gelautet haben musste, denn als *a'* (wie im Bairischen) wäre es mit dem *a'* des alemannischen Umlautes zusammengeworfen worden.

Zu dem bairischen *a'* = ahd. echten *ei* gesellte sich, aber später als das Entsprechende in anderen Dialekten geschah, jedoch immerhin noch vor 1100 ein secundäres *a'* (= ei aus *agi*, *ege*), während das *ài* aus *aga* (oder *agi* mit unechtem *i*) mit altem *a'* = ahd. *ei* keine phonetische Gemeinschaft mehr hatte.

Um 1100 wurde der bairisch-österreichischen Mundart die Nähe der Laute *a*, *a'* und *e'* unbehaglich. Einzelne *a'* waren schon vordem in's *a* herabgesunken, so in ‚äñ‘ (Egge), ‚ädákʃl‘ (Eidechse), ‚nâ`‘ (nein), ‚állvi‘ (elf) und in einzelnen Namen wie ‚Rá¨z‘ (= ahd. Reinzo, Renzo, nhd. Ranz). Diese erscheinen auch heute noch und sogar im Bauerndialekte als hohe *a*, trotz dem sonstigen bäurischen ‚óä‘ für ahd. *ei* (§ 2).

Das *a'* war ohnehin nur mehr psychologisch, d. i. in der Meinung der Sprechenden, ein Diphthong, in Wirklichkeit aber ein einfacher Laut: sehr offenes *e*.[1]) In der Deutung des *a'* als ursprüngliches *ei* erlitt aber c. 1100 die »psychologische Controle« eine bedeutende Beirrung vom *e'* = ahd. *ë*; denn wie dieses, um vom *a'* zurückzuweichen, in der Reihe der einfachen Vocale aufwärts gegen das *i* zurückprallte und zum reinen, mittleren *e* des neuen Dialektes wurde (‚recht‘ ‚betn‘ etc.), was um 1100 aus dem Aufhören der vordem unterlaufenden Schreibungen »æ« statt ‚ë‘ ersichtlich ist (Wh. § 10, wo die Fälle von *swæderz* an anders zu erklären sind u. § 43), — ebenso wich nun das *a'* seinerseits in der entgegengesetzten Richtung, also gleichfalls in der Linie der einfachen Vocale, ins *a* herab aus und fiel mit dem Umlauts-*a* in einen Lautwert zusammen.

Allerdings trat diese Veränderung des *a'* nur bei einem Teile der Stammesgenossen, den »Herren« ein. Der urwüchsigere Bauern-

---

[1]) Ähnlich glauben wir heute in ‚hôän‘ (= Haiden) ein *d* zu sprechen: es könnte aber vor ‚n‘ ebensowol ein *r* ausgefallen sein. In dem Momente, wo die psychologische Controle das vermeinte *d* fahren liess, schlich sich auch schon das *r* in die Auffassung ein und so entstand der übliche Plural ‚di hôürän‘ die Haidenäcker (Roanad I. S. 400, Anm. 4).

dialekt wollte den alten Diphthong *ei* mit dem Umlauts-a nicht
vermischen und war um ein gröberes Mittel, diesen Unterschied
zu sichern, nicht verlegen; und gerade in dieser Ungeniertheit traf
er das sprachlich Richtigere. Er weitete, der seit Beginn des XII. Jahrhunderts mit erneuter Stärke auftretenden Diphthongisierung früh-
nend, das *a*ᵉ — welches ja ohnehin der centrale Teil (»Verengung«)
oines Diphthongen gewesen war, nach beiden Seiten wieder energisch
aus, indem er nach vorne bis zum *à* herab und nach hinten zu bis
zum *i* hinaufstieg; ersteres besonders noch deshalb, weil auch ahd.
,*i*ᶜ sich zu ei und ai (mit hohem *a*) zu zerstreuen begonnen hatte.
In *ài* einerseits und *ei* oder *ai* (mit hohem *a*) anderseits waren nun
den beiden verschiedenen Diphthongen, dem alten *ai* und dem neuen
ei ihre verschiedenen Bahnen für die Zukunft zunächst im Bauerndialekte gesichert. In der Lehre von diesen Diphthongen (,öä' und
,ai') werden die weiteren Aufschlüsse noch gegeben werden.

Dass für ahd. *ei* neben dem hohen *a* der Herren (besonders des
Landadels und der Bürger) und dem *ài* der Bauern in der Schrift auch
noch das traditionelle *ei (œi)* unbehindert fortdauerte, ebenso wie das
alte »î« sich noch lange gegen mundartlich längst vorhandenes ,ai' in
der Schrift behauptete, ist um so erklärlicher, als die schwäbische
Hofsprache mit ihren Lautwerten diese traditionellen Schreibungen
stützte, ja ihnen ein ausserordentliches Übergewicht über die ordi-
nären Laute der Mundart verlieh.[1])

---

[1]) Ich habe bisher absichtlich die Namen der Grafen von Plain bei Salzburg und der Herren von Eist, Aist (Ver. f. Lk. v. N.-Ö. 1887, S. 75 f.) über-
gangen, weil das Bestreben der hohen Herren, ihren Namen altertümlich oder doch
nicht im gewöhnlichen Dialekt zu schreiben, ferner im Namen Plain die phonetische Zusammensetzung für die Untersuchung Schwierigkeiten boten. Sicher ist
in der Schreibung »de plegen« (O. E. ¹ S. 189 c. 1190) und schon c. 1136 »de
Blegin« (B. G. ¹ S. 250) mit e der Umlaut von *a*, also hohes *a* gemeint, daher
gleichzeitig häufiges lateinisches de Plagio auftritt (S. 244, 252, 264, 267, 268,
271, 273, 274, 283, 293, 298, 299, 302, 307, 308, 318); auch deutsches Plageu
(S. 272), Plagin (S. 318, 320) kann neben Plägin (S. 320) nur mit hohem *a* gelesen werden. So lange das *i* der Nachsilbe noch lebendig war, konnte es wol
auch durch das g (= j) in die Stammsilbe vordringen und dort einen eigenartigen,
»zufälligen« Diphthong ,ai' (mit hohem ,a') bilden: Pläigen (S. 322, 347, 354), was
wohl mit Plâin (S. 346, 354, wo es neben Pläigen steht) phonetisch nahewertig
ist (*Plâ-in, Plâchin, Plâ'chin*). Dieses zufällige *ei* blieb wie in »Beire« (§ 18), ob
sich nun das *ch(g)* verflüchtigte (de Plein, de Bleine, comes pleinensis schon
c. 1140, c. 1150 und 1177, OE¹ S. 320, 517, 349; dann die vielen Plain von
1190 an, B. G. ¹ S. 338) oder aber conserviert wurde und dafür nach Rôânôd

Nichtsdestoweniger hat sich ‚oä' bei den Bauern und hohes *a* bei den »Herren« seit 1100 forterhalten durch alle Jahrhunderte; und fragt mir nun einen Wiener, wenn er seine gemütlichen *zwå, bråd, tråd* für zwei, breit, Getraide etc. von Stapel lässt, ob er auch eine Ahnung davon habe, dass solches *a* schon gesprochen wurde, als der alte Jasomirgott Wien zur Residenz machte, und wol schon vorbereitet war, als die Hunnen und Gothen unsere Länder durchstürmten.

II. *a* = mhd. *e* und *œ*.

(Umlaut von mhd. *a*, *â* sammt etlichen hier einzubeziehenden anderen hohen ‚a').

§ 21. Die zweite wichtige Geltung des hohen dialektischen *a* ist die des Umlautes von gemeindeutschem *a*, welch letzteres im Bairisch-Österreichischen seit jeher dumpf gelautet hat. Daher ist der Umlaut sofort merklich und in die Ohren springend: ‚nôsd', hd. »Ast«; Demin. ‚näsdl', hd. »Ästchen«.[1]) Da nun jene Schrift-

---

S. 173 f., das folgende -*in*, -*en* in -*ä* herabstimmte, also: »Pleichä́«, herrisch *Plächī* (Pleige, Pläige de Plage, U. St.[1] S. 768, 1130—1190; U. St.[3] S. 236, 1218). Ein herrisches *Pláwī̄* für *Pláchī̄*, *Pläǟ* wird ersichtlich aus dem antikisierenden »Plawin« (U. St.[1] 768, von 1190), wo das *i* wol nur mehr conventionelle Schreibung zur Bekundung des hohen ‚a' der Stammsilbe ist.

Wie gesagt, ist aus diesen Schreibungen eigentlich doch nichts sicheres zu ersehen, wegen der erwähnten Tendenz der hohen Herren. Der Bauerndialekt hat heute *Plöī̄* = ahd. mhd. »Pleine«: ein *Ploī̄* gieng offenbar vorher (s. unten *ôä*): der bäurische Diphthong setzt also erst beim erwähnten »zufälligen« Diphthong ein, verrät aber nichts, dass hier ein ursprünglicher einfacher *a*-Umlaut im Stamme war. Agast 1142 (Ver. f. Lk. v. N.-Ö. 1887, S. 75) zeigt, dass das *i* in späterem *agist* ein unechtes ist, also nach Haibarn, Traiboto in § 19 zu erklären ist. Wir haben demnach in *aigest*, Aist (S. 1128, 1143) und wol auch in Agst 1150 bäurisches *äi* zu denken, welches in *Eist* zu mittelhochdeutscher Hoffähigkeit erhoben erscheint.

[1]) Dieses hohe *a* für den Umlaut vom gemeinen dumpfen *a* findet sich im bairisch-österr. Gebiet allgemein, und wenn Weinh. § 5, S. 17 Taller, tammern, zarrn aus Schöpf (bei Fromman) als Beweise für die Umlautslosigkeit anführt, begeht er zwei Fehler: erstens weiss er nicht, dass dieses hohe *a* nicht bloss in diesen Wörtern oder auch nur in Schöpf's Dialekt, sondern überhaupt im ganzen Stammgebiete begegnet; zweitens erkennt er das hohe *a* des Umlauts gegenüber dem dumpfen *a* des Grundlauts gar nicht als Umlaut. Daher redet er ebenda von einer bairischen »Abneigung gegen den Umlaut des *a*«. Da er also hohes wie dumpfes *a* unterschiedslos als Grundlaute ansieht, so weiss er die Worte, welche hohes, von denen, welche dumpfes *a* haben, nicht durch eine Regel abzugrenzen

steller der ältesten Zeit, welche auf bairisch-österreichischem Gebiete
deutsch reden gelernt, mit dem Schriftzeichen *a* in Verlegenheit
kamen, indem das gemeindeutsche (besonders schwäbische und lateinische, s. Aventin in unserer Anm. zu § 39) *a* bei uns dumpf gesprochen,
der reine hohe *a*-Klang aber für den Umlaut verwendet wurde, und
somit das *a*-Zeichen einerseits grammatisch für unsere dumpferen
Entsprechungen der andersdialektischen *a*-Laute, anderseits phonetisch
für unseren reinen *a*-Klang, somit als Umlaut gebraucht werden
konnte, so waren Verwechslungen, resp. falsche Setzungen des *a*-
Zeichens für den Umlaut unausbleiblich. Man muss doch wol
annemen, dass die Mönche, welche alemannisches ‚vater‘ (mit hohem
a) mit eben diesen Buchstaben, nämlich *v. a. t. e. r*, zu schreiben
gewohnt waren, für bairisches ‚vàder‘ (mit dumpfem *a*) keine andere
Schreibung werden eingeführt haben; also hat das Zeichen *a* auf
bairisch-österreichischem Gebiete zunächst für dumpfes *à* zu gelten
und nur durch die oben angedeutete Verwechslung wird das Zeichen *a*
auch mitunter für das hohe *a* des Umlautes verwendet worden sein.
Erscheint daher irgendwo in alten Urkunden das Zeichen *a* auch
für den Umlaut von *a*, so kann nur ein starrer Buchstabengelehrter
daraus mit Sicherheit die Folgerung ziehen, unser Dialekt sei von
jeher »dem Umlaute abgeneigt« gewesen.

§ 22. Sehen wir uns die heutigen Dialektdichter an, so finden
wir sie in der nämlichen Verlegenheit wie die bairisch-österreichischen
Schriftsteller vor so und soviel Jahrhunderten. Der Piarist Misson
(»da Naz'«) schreibt für dumpfes *a* und hohes Umlauts-*a* das nämliche Zeichen *a*: neben Naz, rackert, schwari (S. 1), gfahlt (S. 2),
kraht, *Á*hnl (S. 3) u. s. f. lesen wir auch sa (= sage), sagt, V*a*der,
N*a*hm, *a*lt, pl*a*gt, *A*rt (S. 1) u. s. f. Was diese letzteren *a* bedeuten,
verräth das mehrmalige ‚*O*massn‘ statt »*A*meise« in der Widmung;
gerade vor Resonanten ist der Österreicher zuerst geneigt, sein
dumpfes *a* klangrichtig auch mit *o* zu schreiben.

Der Verfasser des »Naz« wird sich gedacht haben: »Was ein
rechter Österreicher ist, der wird schon herausfinden, wo er das *a*
für *o* und wo er es wirklich für hohes *a* lesen muss.« Gleiches
begegnen wir bei M. Schadek (»A bisserl was«, Wien 1887, bei
Konegen): neben w*a*r'n (S. 1), dasi (= demütig), Wald'l (S. 2),
W*a*sser, pl. (S. 5), St*a*dt'ln (S. 6), *Á*hnl (S. 7) u. s. f. schreibt der
_____
und führt Fälle von hohen ‚a‘, wo sichtlich echter oder unechter Umlaut herrscht
(gl*a*nder, st*a*rr, h*a*rpfen, H*a*xen), als regellos zufällig und unbestimmbar an.

Dichter auch dank', das, ganz, kann, halt, was (S. 1) u. s. f. Der
gute, in Wien lebende Huschak, Beamter eines czechischen Cava-
liers, kann die *a*-Zeichen, welche er vermischt für tiefen Grundlaut
und hohen Umlaut verwendet, in der Aussprache wohl selbst nicht
immer auseinanderhalten: Kasterl (S. 5), Handerl (S. 7), narrisch (S. 10),
narrischen (S. 11), Pflanzerl, nahm conj. (S. 15), Kammerl (S. 17)
u. s. f. gegen Fruahjahr, wann, lacht, Wintaschlaf, allererst, erwacht,
blaufarb, tragt's, aber (S. 1) u. s. f. Von den Oberösterreichern
schreibt Sebastian Haydecker, Volkslieder in obderennsischer Mundart (Linz 1847): Gsanga (Titelblatt), Gsanga (S. 1), Dachkammerl
(S. 2), Bachal 5mal, stad (S. 3), harb, Bachal (S. 4), warn, conj. (S. 6),
wa 2mal, conj. (S. 7), Gwandl (S. 12), Mandl 2mal, trabö, Gsaugl (S. 13),
Ebbarl (S. 14) u. s. f. gegen han, allö, Landsleut, was, gfalln, macht,
halt (S. 1) u. s. w. Koglgruber schreibt war, conj., Wasserl (S. 1).
Mark, pl., Bach', pl. (S. 2), trabi, mahu (S. 3), Siemandel (S. 8), war,
conj. (S. 10), Bratel, Wasserl (S. 13), drah'n, kampeln, umastampeln,
Hannsel, Schamperl (S. 15) u. s. f. gegen wahr, das, gar, Schand,
Vaterland, grad, statt, sag'n (S. 1) u. s. f. Pfannhauser schreibt in den
»Dachsteinbleameln«: war, conj., vagwandt, wa, conj. (S. 2), Fahler
(S. 3), Jaga viermal (S. 5), Kapsln (S. 6), kam, conj. (S. 7), grobgnaht
(S. 8), tasig (= demütig, S. 10), schmachln (S. 11), war, conj. (S. 13),
stad, draht (S. 14) u. s. f. neben da, fragn, ganz, alt, wahr, kann,
aber, was u. s. f. (S. 1). Lamberg schreibt in seinen »Bergkräuteln«:
Karnerin, akraxelt (S. 1), bockstarrn, Gsangln (S. 2), Landl (S. 4),
krahn (S. 5), Jaga, Jagaknecht (S. 7), vorbeikam, gstad, schwar (S. 8)
u. s. f. gegen Vata, Salzburg, Steiraland, han's, dafragt, was, Alma,
Hochschwab (S. 1) u. s. f. Ebenso wie Graf Lamberg sich gleich stark
zu den Kärntnern und Steirern wie zu den Salzburgern bekennt,
schreibt Baumann einfach in der »österreichischen Volksmundart«:
schlafri, Halseln (»Aus der Heimat«, S. 1), that's (S. 3), znaxt (S. 6),
Bachl (S. 7), Wasserl (S. 9), tat, Bakerln zweimal, warst (S. 10) u. s. f.
gegen hab, ganzi Nacht, gwacht, gmacht, glacht, Gras, hat (S. 1) u. s. f.
Mürzroth ist ebenfalls kein geborener echter Salzburger, sondern nur
ein österreichisch-steirisch-salzburgischer Wandervogel. Er ist ja
Israelit gewesen. Wir lesen z. B. in seinen »Gedichten«: Salzburga-
landl (S. 2), that'n's, waar's, war, waar (S. 3), stad (S. 6), schwar-
mächti, Rantiga, kam, conj. (S. 7), Jaga (S. 11), gach (S. 13), harbts
(S. 19) u. s. f. gegen alte, halt, grad, lassen, sag', gar (S. 1) u. s. w.
In Kärnten schreiben Pogatschnigg und Herrmann, I²: gsat, fahlt (S. 3),

Wangerl (S. 7), Saggl, Schnurbartl (S. 8), Wadl, Tadl (S. 10), zamgstampert, Suntagg'wandlan, Fürtachbandlan (S. 14) u. s. f. neben da, Strass'n, Alls, Wald, paar und paar (S. 1) u. s. w. In Baiern schreibt Kobell in seinem »Hausl vo' Finsterwald«: Laadn, Jager (S. 3), Jaaga, Wildprat (S. 4), Raatschn, waar, Jaagerei (S. 5), Gambs, thaat (S. 5), verdraaht (S. 9) gegen gar, bikannt, ganzn Oberland, gmacht (S. 3), hat, ghaltn, Paar (S. 4) u. s. f.

§ 23. Bei Kobell und Märzroth sahen wir soeben einen Ansatz zur Unterscheidung des hohen *a* vom dumpfen: ersteres wird mit *aa*, dieses einfach mit *a* gegeben, so dass also die dumpfe Geltung des *a* als die eigentliche, die hohe als die uneigentliche und daher besonders bezeichnete erscheint. Es sträubt sich — trotz allen phonetischen Gründen — das historische Gefühl nicht nur der schriftdeutsch Redenden, sondern auch der dialektredenden Baiern und Österreicher gegen die Fixierung des dumpfen *a* mit dem Zeichen *o* gegenüber dem hohen *a* mit dem Zeichen *a*; nur die Schule will dem Zeichen *a* die ausschliessliche Geltung als hohes *a* sichern, im Leben hält man's anders.[1] — Doch schreibt Rosegger z. B. im »Heimgarten«, XIII: Jahrl, Franzl, Platzl (S. 73), that, wa, conj., Wachla, gach, Randl (S. 74) gegen gongan, holt'tn, Thürwogl, on, Obnd, holt, do, Hond, sogg, gmocht etc. (S. 73); der Niederösterreicher Schlinkert im »Grossen Bauernkalender 1888« schreibt: Wastel, gabst, war, weidhaxert (S. 72), Nahand (S. 73), überdraht, taten, war (S. 74), harbn (S. 75) u. s. w. gegen Norr, wonnst, gholdn, ollmol, grod, verrothen, verlong etc. (S. 72). Der »Schneeberger« J. G. Hauer schreibt in seinem »Edelweiss« (Wien 1885, Selbstverlag, vordem bei C. Gerolds Sohn): war (S. 4), warn, conj., Gsangln (S. 6), gangat (S. 8), Dacherl (S. 20), wasser' (= wässere, S. 21), Stallerl (S. 23), Nasterl (S. 26), schwar, war's (S. 29) gegen wonn, Olm, Kolm, hort, gonz, oll Johr (S. 1) etc. In meinem ‚Roanad', I. Teil (Wien, Gerold, 1886), habe ich diese Schreibung für meinen phonetischen Text als Grundlage genommen.

Verwandt mit dieser Schreibung, aber doch noch mehr am Historischen festhaltend, ist die Unterscheidung des hohen und dumpfen *a* durch die Zeichen *a* und *â*. Ziska und Schottky schreiben

---

[1] Wenn, wie wir sehen werden, schon in alten Denkmälern das Zeichen *o* für dumpfes *a* geschrieben wird, so ist dies in der Regel nicht einerlei mit dem *o* für dumpfes *a* bei Rosegger oder in meiner phonetischen Schreibung. Jenes alte Zeichen *o* meint geschlossenen O-Laut für mhd. *â* [oder dessen Äquivalente], das hier besprochene *o* meint aber offenen Laut für mhd. *a* [und *ô*].

52

in den »Österreichischen Volksliedern« 1819: z'nakst (S. 76), gang
(S. 77), Kas, Jagahund (S. 82), Zandln, Wangerl (S. 85) gegen ldasn,
sågt, gwåks'n, håt, Schtråss (S. 85) etc. Diese Unterscheidung zwischen
a und å hat auch Kartsch, ferner Castelli in seinen Dichtungen und
grammatischen Schriften, sowie Dr. Hügel im »Idioticon Viennense«
und der Wiener Schottenprofessor Mareta in seinen dialektologischen
Arbeiten beibehalten.

§ 24. Ältere Dialektdichter ziehen es vor, das hohe a seinem
historischen Geltungswerte gemäss mit den Zeichen ä, das dumpfe a
mit einfachem a zu schreiben. Hierher gehört in erster Linie der Oberösterreicher M. Lindemayr, welcher schreibt: dunäschlächting, krähnt
(1. Aufl., S. 19), Mässel, Viertelvässel, Hännsel, wärla (S. 20), Ränd,
wär, Ländläbue, Dänzen, pl. (S. 23) u. s. f. gegen was, da, han ich's,
statt, fassen, lassen, ausdacht, Hannsen, allen (S. 23) u. s. f. Der
Kremsmünsterer Benedictiner P. Leopold Koplhuber († 1826) schreibt
nach einer mir von seinem Confrater posthumus Julian Hauer zu-
gesandten Copie des »Bu'lhaubmteufl«: zändelt, Stänzl, Dänzl, wär,
käm, conj. (statt ind.), spritzhärb u. s. w. gegen was, hat's, kan, mag's,
Strass'n, lasn u. s. f. — Diese Schreibung wird sich historisch von
besonderer Wichtigkeit erweisen.

§ 25. Zwischen den Bezeichnungen des hohen dialektischen A
durch ein ungemerktes einfaches a einerseits und durch doppelt-
gestrichenes ä andererseits hält das Zeichen á die genaue Mitte.
Dasselbe Zeichen ist heute auch in der ungarischen Orthographie
für das hohe, reine a allgemein durchgedrungen.[1]) Von unseren
Dialektdichtern hat es der Wiener Dichter Seidl: wár' (Flinserln,

---

[1]) Wie mir Herr Prof. H. Schuchardt aus »A magyar nyelo« von S. Simonyi
II, 64 mitteilt, datiert die regelmässigere Schreibung des hohen a im Ungarischen
mit dem Zeichen á erst von der Mitte des XVI. Jahrh., an dessen Beginne man
dieses á noch durch Doppelsetzung [aa] und vordem gar nicht ausdrückte. — Das
á mit Accent ist dem a mit Accent vorausgegangen: der Accentstrich, der auch
wagrecht gezogen wurde, dürfte ursprünglich nur ein Längenzeichen sein und
dafür kein bestimmtes Vorbild in den Lautzeichen anderer Sprachen existieren.

Herr Prof. E. Thewrewk von Ponor in Budapest ergänzt mir Schuchardts
Bemerkungen, die er durchaus bestätigt, noch dahin, dass im Leben der heil.
Christina (VII. Bd. Ung. Sprachdenkmäler) das á sich schon Anfang des XVI. Jahrh.
finde: weiter zurück sei aber keine Spur dieser Bezeichnung; erst im XIII. Jahrh.
enthält die Halotti beszéd, das älteste ungarische Sprachdenkmal, den Apex in
zwei Wörtern: hazád und halaldál. — Das stimmt, wie wir sehen, so ziemlich auch
mit den vereinzelten á unserer Mundart in den früheren Jahrhunderten, so dass
ein schwacher historischer Faden für diese Schreibung immerhin denkbar ist.

1844, S. 4), stád, Herzkámmerl, schláfri, Náserl (S. 5), Kástel, Wágerl, Blátteln (S. 8) u. s. w. gegen Stamm, was, b'schaffen, z'samm, als, wann, wach, zwar (S. 8), hast, sag'n, frag' (S. 9) u. s. f. In meinem ‚Roānād‘, I. Teil, und »Fuchs Roaner« (Neunkirchen 1889, bei W. Viktora) bin ich für den populären Text derselben Unterscheidung gefolgt.

Der angebliche »Oberösterreicher« Cappilleri schreibt ebenfalls: schwár, wár, conj. (Zeitlichteln, S. 11), Lándl (S. 13), lár, Plátzl (S. 17), Bládln (S. 18) etc. gegen Landsma, habt's, halt, (S. 11), hat, agfangt (S. 12), gar (S. 13), ámal (S. 14) etc. Doch ist gerade Cappilleri mit seinem schlecht erlernten Dialekt fehlerhaft und inconsequent. Weitaus echter ist natürlich Kaltenbrunner; er schreibt: Gláseln, nāhm, gáb (»Alm und Zither«, S. 4), Tanngrássct (S. 5), Báchel, Wásserl (S. 10), wár, conj. (S. 11), vawáht, thát, Hálmel (S. 13) u. s. f. gegen Gedanká, Verstand, Sach, Sprach (S. 15), Nachbern, da, sag ja, Handel (S. 18) u. s. f. Der urderbe, humorstrotzende Oberösterreicher Jungmair schreibt: kráh, stád (»Dichtungen«, S. 17), ládrn, gábat's (S. 22), kám (S. 24), Jáhrl'n (S. 28), Schldánkl (S. 33), Schárr (S. 35), g'wásserte (S. 40), G'sángl, náchst (S. 46), dámpfi, Gáderl (S. 48) etc. gegen fall', Landstrass'n, fahrt, Wag'n, han etc. (S. 49). Stelzhammer schreibt: stád, Ánten (Ahnl, bei Cotta, S. 273), dráht, gspári (S. 274), hárbt, wár (S. 275) u. s. w. gegen Sachan, aft, lang, gmacht, hats, Rathschlag (S. 275) u. s. f. Dieselbe Unterscheidung wird auch von Gartner, Wagner und einer grossen Anzahl sonstiger bairischer und österreichischer Dichter befolgt, kann also für heute als die herrschende populäre Unterscheidung in der bunten Dialektorthographie bezeichnet werden. Ihr schliesst sich denn auch die Schmeller'sche Schreibung an, in welcher das hohe á vom tiefen à durch den Acut und Gravis unterschieden wird; von Schmeller gieng diese Unterscheidung auch in die Frommann'sche Zeitschrift über.

§ 26. Fast alle der eben behandelten Schreibweisen werden wir in älteren bairisch-österreichischen Denkmälern wiederfinden und uns in diesen an der Hand der heutigen Schreibungen leicht zurechtfinden. Vorher müssen wir uns aber unsere hohen Umlauts-a näher ansehen, ob es Umlaute von mhd. a oder mhd. á sind. Ich habe in den Paragraphen 22 bis 25 zu Fleiss gemischte Beispiele gewählt, aus welchen ersichtlich ist, dass zwischen diesen beiden A-Umlauten im Dialekt heute gar kein phonetischer Unterschied ist. Die Quantität eines Vocals hängt im Dialekt überhaupt nur von der consonantischen

Gefolgschaft ab, und ein qualitativer Unterschied zwischen den beiden Umlauten von mhd. *a* und mhd. *â* besteht nicht, wohl aber in so manchen Gegenden zwischen den entsprechenden Grundlauten, die uns aber hier nicht interessieren. Neben ‚schwâr‘ ‚schläfri‘ .jâmälä‘ ‚ſtäd‘ ‚äſäd‘ für mhd. *swære, slæferic, jæmerlich, stæte, æze* u. s. f. finden wir ganz gleich häufig ‚säkl‘ ‚jâchä‘ ‚hâkſn‘ ‚gläsl‘ für mhd. *seckelin, jeger, hehse, gleslin* u. s. f. Ich kann daher von vorneherein die Meinung, hohes Umlauts-*a* gelte zunächst und eigentlich nur für mhd. *æ*, nicht aufrecht erhalten; Schmeller (M. B., S. 35) kennt auch keinen Unterschied zwischen dem ‚a‘ für mhd. *e* und demjenigen aus mhd. *æ*.

Eine weitere Frage ist die, warum der Dialekt einen doppelten Umlaut des *a* zeigt: ‚sôg‘, dimin. ‚säkl‘, aber pl. ‚sčik‘ für Sack, Säcklein, Säcke; ‚glôs‘, dimin. ‚gläsl‘, aber pl. ‚glčisä‘ für Glas, Gläslein, Gläser; ferner ‚blôd‘, dimin. ‚blâdl‘, aber pl. ‚blčidä‘ für Blatt, Blättlein, Blätter; ferner [‚khôllw‘ ungebr.], dimin. ‚khâllwl‘, aber die ‚khöllwäkhüä‘ (= ‚khčillwä-‘). Der Umlaut des *a* zeigt also in der heutigen Mundart zwei Stationen: davon kann die ältere, dem Grundlaute nähere nur das hohe *a* gewesen sein; diesem ist durch weiterdauernde, offenbar mouillierende Einwirkung des *i* der Folgesilbe die noch höhere Umlautsform ‚ei‘ (oder in Wien geschlossenes e, welches auch mit ö geschrieben wurde) nachgefolgt. Daraus geht unmittelbar hervor, dass dieses »*i* der Folgesilbe« in jenen Wörtern länger vorhanden gewesen sein muss, welche diesen zweiten Umlaut erreicht haben (‚sčik‘ = Säcke), als in jenen, die das erste Umlautsstadium bis heute noch beibehalten haben (‚säkl‘ = Säcklein), denn der Umlaut ist ja nur die Wirkung eines *i*. Und in der That ist es eine Eigenheit des *l*, in unbetonten Silben den Vocal leicht zu absorbieren, so dass also altes ‚sak-il‘ (dies aus älterem *sakkili*) sein *i* einbüsste,[1] nach-

---

[1] Demnach ist ‚ſpäⁿglᴬ‘ die einzig richtige dialektische Aussprache des hd. »Spengler«. Schmeller kennt sie [Luick[1] S. 500]; auch das starke Deminutiv lautet ‚ſpäⁿgl‘, weil hier das alte i vom *l* absorbiert wurde, bevor der zweite Umlaut eintrat. Hingegen hat das Verbum »spengen« auch in der Mundart den E-Laut als zweiten Umlaut: ‚ſpaiⁿä‘ für ‚ſpčiⁿä‘. — Wie in -il muss das *i* auch in -izau sehr bald verschwunden sein, denn »schwätzen« (= schwäbzen, schwäwzen, schwäbeln, vgl. »schwefeln« bei den Studenten) hat es in der Mundart nur zum ersten Umlaut (hohes *a*: schwâ:n) gebracht und in ‚nöbfä:n‘ (ahd. naphizau), ‚bögä:n‘ ist der Stammvocal ganz ohne Umlaut geblieben. — Auch in der Endsilbe -ig ist das i sehr zeitlich abgefallen, was urkundlich nachweisbar ist: daher das unter das erste *a* (§§ 1—20) gehörige ‚zwäu:k‘ des herrischen Dialektes keine Gefahr lief, etwa wie steir. ‚gülln‘ (»begeilen«, = ‚gčiln‘ = ‚gâlj'n‘) falsch einen zweiten Umlaut auf das hohe *a*

dem es zwar den ersten Umlaut bereits erhalten, aber noch bevor der zweite Umlaut Mode wurde; so blieb also ‚sákl‘ bis heute nur mit dem hohen *a*, während der Plural ‚sak-i‘ über ‚saik-i‘, ‚sa˙iki‘ zum heutigen ‚sa˙ik‘ (bei den Heanzen), ‚séik‘ (in Obersteier und im südlichen Niederösterreich) vorrückte.[1]

In den starken Neutris auf *i* hatte dieser letztere Vocal nicht die lebendige und geläufige Bedeutsamkeit wie im Plural der I-Declination. Jenes Bildungs-*i* fiel daher früher ab als das *i* der genannten Plurale; somit haben es ‚ghák‘, ‚gŋák‘, ‚gfráf‘, ‚gsái‘, ‚gwákļ‘ aus altem *ka-hacki*, *ka-nacki*, *ki-frazi*, *ki-sazi* (Graff, VI, 314 gasazi), *ki-wachsi* wegen zu |frühen Abfalles des *i* bis heute nur zum ersten Umlaute gebracht. Hingegen musste in *ka-altiri* (vgl. Graff altiron, eltiron, parentes I, 194) und in *ka-lagiri* (vgl. nhd. ab-lagern, ahd. -iron, Graff, II, 340) von den beiden *i* der Schlusssilben wenigstens eines bleiben, da sonst das *r* nicht hätte gesprochen werden können, denn ein silbiges *rrr* ohne Vocal, wie die Czechen es haben, kennt der bairische Mund nicht. Blieb aber ein *i*, so musste der Stammvocal auch die zweite Umlautsstation passieren, und wirklich hat der heutige Dialekt nicht etwa ‚gállt‍ä‘, ‚glächä‘ mit hohem *a* wie oben in ‚gŋák‘, ‚ghák‘ etc., sondern ‚gölltä‘ (d. i. ‚g-éiltä‘) und ‚gléichä‘ [Alter; Geläger = Satz im Weinfass].

§ 27. Wir sind also — indem wir uns weitere Untersuchungen hierüber für das geschlossene *e* (‚eĭ‘) des Umlautes aufsparen — zu der Anname berechtigt, dass überall da, wo der Umlaut eines *a* als hohes *a* erscheint, das *i* der Folgesilbe ausgefallen ist, bevor es den zweiten Umlaut oder die Mouillierung bewirkte. Hiemit stehen auch noch weitere Erscheinungen am hohen *a* in vollem Einklange. Der echte erste Umlaut des *a*, bewirkt durch echtes *i*[2] der Folgesilbe, reicht bis in die Anfänge aller unserer Urkunden zurück, und er ist die nothwendige Vorbedingung für den zweiten »höheren« Umlaut. Da aber das unechte *i* sich erst lange nach Durchführung

(= ahd. ei) aufzupfropfen. Auch erscheint in ‚néchzk‘ das mittlere, eine i-Einwirkung läugnende *e*, während in ‚séik˙i‘ wegen folgendes *i* der Stammvocal mouilliert, also das *e* diphthongisch oder geschlossen ist. Vgl. später den Vocal *ei*.

[1] Bei den Hollabrundern soll der Umlaut ein *a* + *i* sein, sagt mir Herr Prof. Heinzel; also noch deutlicher diphthongisch als bei den Heanzen.

[2] Auch dieser »echte« Umlaut kann ein doppelter sein; entweder das echte *i* bewahrte ein urgermanisches hohes *a* in seiner hohen Klangfarbe vor der bairischen Verdumpfung, oder bewirkte schon frühe, dass ein dumpferer Laut durch Analogie in die hohe *a*-Klangfärbung übertrat (»Boi-i» und *Pagiri*, *Pegiri*, § 18, Anm. 1).

des ersten Umlautes aus anderen Vocalen tonloser Silben entwickelt hat, so bewirkte dieses zu einer Zeit, wo der echte erste Umlaut schon in den zweiten übergieng, erst den ersten unechten Umlaut, und da bald nachher alle *i* der tonlosen Silben, sowohl echtes als unechtes, verschwinden, so kamen die unechten hohen Umlauts-*a* überhaupt nicht leicht zur zweiten Umlautung oder Mouillierung. Daher die hohen *a* in ‚Râdnbeach'[1]) ‚râmvîâch' (V. O. W. W.), die Singulare ‚ſtâffl' und ‚hâml' (Róânäd, I, S. 397, Anm. 2), welche auf ahd. Ratanberch, unecht Rat*i*nberch, hrabanvihu, unecht hrab*i*nvihu, stapfal, unecht stapf*i*l, hamal, unecht ham*i*l, zurückgehen.

§ 28. Jüngere Ableitungen mit *i*-Silben konnten, wenn sie erst nach Durchführung des ersten, echten Umlautes gebildet wurden, ebenfalls nicht zum zweiten Umlaut mehr aufsteigen, sondern mussten sich mit Erreichung des hohen *a* begnügen; Ortsnamen wie Matingum von Mato, heute ‚Mating' gesprochen und ‹Meting‹ geschrieben, gehören hieher.

Überhaupt können wir, falls wir die echten hohen sogenannten ‹Umlauts‹-*a* als urgermanische *a* uns deuten, welche durch nachfolgendes *i* vor der alle andern urgermanischen *a* erfassenden bairischen Verdumpfung bewahrt worden sind, die Fälle unechten Umlautes in § 27 und 28 nur als Analogiewirkungen erkennen, welche bezüglich ihrer Grenzen nur nachträglich zu constatiren, aber nicht a priori zu bemessen sind.

§ 29. Da in der ältesten Zeit nur das *a* einen Umlaut (bairisch hohes *a*) aufweist, die dumpferen Laute *o*, *u* aber erst Jahrhunderte später umlauteten, und da ferner bis heute das ahd. mhd. *â* die Dialekte hindurch qualitativ einen dumpferen Laut vorstellt als ahd. mhd. *a* — von schwäb. ‚obəd' neben ‚tag' bis zu ‚ȏuȏb' (*ou* für geschlossenes *o*) neben tȏ (offenes *o*) meines niederösterr. Dialektes —, so ist es glaublich, was Weinhold, b. Gr., § 42 sagt, dass der Umlaut des â im Bairischen erst im XII. Jahrhundert entstanden ist. Ebenso wahrscheinlich ist es, dass dieser neue Umlaut, welcher gleich dem des *a* als hohes *a* sich erweisen wird, nicht sofort wieder mit dem alten Umlaut des ‚kurzen' ahd. mhd. *a* das weitere zweite Umlautsstadium mitgemacht haben dürfte, sondern mit der einmaligen und verspäteten Einwirkung des *i* der Folgesilbe zufrieden blieb. So sehen wir denn in der That blosses hohes *a* für mhd. *æ* in lautlichen

---

[1]) Vgl. § 42 über *Rato, Retin.*

Umgebungen, welche beim ‚kurzen' mhd. *a* sicherlich das zweite
Umlautsstadium herbeigeführt hätten: dial. ‚jâmän' entspricht mhd.
jæmern, das [unechte] *i* der zweiten Silbe *[jâmirn]* hatte im XII. Jahrhundert den Umlaut, aber nur den ersten, bewirkt, nicht mehr
den zweiten, wie in obigem *güllä*, *glêichä*. Ich stimme daher heute
Luick (2, S. 132) zu, wenn er meine angeblichen ‚ê' als Umlaute
des mhd. *â* in Abrede stellt, und kenne als dialektischen Umlaut des
letzteren nur mehr hohes *a*.[1]

§ 30. Es sind noch jene Fälle zu betonen, in welchen das hohe
Umlauts-*a* unmöglich nach phonetischen Entwicklungsgesetzen, also
wegen eines *i*, sondern deutlich nach äusserlicher Analogie eingetreten
ist. Ahd. mhd. *wald., walt* hat im Plural weder Umlaut noch das -*ir*
(-*er*); beides ist also im dial. ‚wâlldä' nhd. »Wälder« erst aus
dem neutralen Plural herübergenommen worden; aber hier selbst
ist das pluralische -*ir* sehr ungleichen Alters. In ‚glêisä' ‚blêidä'
(»Gläser«, »Blätter«), auch ‚grêiwä' (»Gräber«) zeugt der zweite
Umlaut für das hohe Alter des -*ir*; in ‚fáʃä' ‚dáchä' könnte man
sich das *a* als Analogie (§ 28) erklären, indem die Endung -*ir*
gerade bei Massbestimmungen [wie »Fass« für Flüssigkeiten und
»Dach«, »Haus« für die Grösse menschlicher Ansiedlungen] sehr
spät aufgetreten ist, der unflectierte Plural sich also lange, zum
Theil bis heute behauptet hat [Rûänäd, I. S. 418, Anm. 2]. Von »Grab«
schwanken übrigens sogar drei Plurale durcheinander: einer mit *êi*,
einer mit *â*, einer ohne Umlaut mit *ô* [Rûänäd, I. S. 106, 137 und 419],
des wienerischen ‚grêwä' (ê = nhd. »ä«) gar nicht zu gedenken. — Ebenso
glaublich aber ist es, dass man dort, wo der Plural oder gewisse Ableitungsformen ohne Umlaut überliefert waren, wie in mhd. *wage*, pl.

---

[1] Weinh. b. Gr. § 7 erwähnt die Umlaute »ra/s«, »Schaffer«, „spatter«,
»z'nagät« von denen ich die beiden mittleren seiner Verantwortung überlassen
muss, als Zuwachs zu den kurzen Grundlauten *a*! — Erstens ist hohes *a* kein
»Grundlaut« und zweitens ist die Kürze und Länge im Dialekte nicht von einer
innewohnenden Artung des Vocals selbst, sondern nur von der zufälligen consonantischen Umgebung abhängig. Die mhd. *ä* und *a* müssen für den Dialekt vor
allem als qualitativ verschiedene Laute betrachtet werden. Durch Kürzung eines
ä bekomme ich sonach trotzdem kein *a*, durch Dehnung von *a* kein *â*. In ‚schlöuffä'
ist *ä* gekürzt, bleibt aber *ou*, in ‚grös' (herba) ist *a* gedehnt, bleibt aber *o*: wie in
‚frôuŋ' wo *â* quantitativ lang und in ‚khöz', wo *a* quantitativ kurz ist.

Dial. ‚t*é*chäd' str. (= Docht) enthält ebenfalls ein kurzes hohes *a*, welches
wegen mhd. *täht* als Umlaut eines ahd. mhd. *ä* zu gelten hat.

Lexer's ‚sealik' (Weinh. b. Gr. § 75, S. 79) enthält nur ein schriftdeutsches *e*,
welches dann mundartlich gleich andern *e* zu *ea* weiter gebildet ist.

wagen, mhd. *tac*, pl. *tage*, später das Bedürfnis nach einer Unterscheidung durch den Umlaut empfand, und da der [erste] Umlaut in Gestalt eines hohen *a* besonders im Neutrum der betreffenden Stämme vorlag, ohne weitere Rücksichten nach diesem hohen *a* griff. So entstanden die Umlaute ‚wäŋ' Wagen, ‚tä' neben ‚tô', Tage u. dgl.[1]) In Wien denkt man sich oder schreibt wol auch ein schriftdeutsches ›Wägen‹, ›Täge‹ und überträgt die schulmässige Aussprache des nhd. *ä* als offenes oder mittleres *e* in den Dialekt: ‚wäŋ' ‚tëch'. — ‚Nôsd' = Ast hat den neueren Plural ‚näʃt' (vgl. dim. ‚näʃtl') sogar neben dem echten, historisch richtigen Plural ‚nëiʃt'. Von ‚nôchd' = Nacht ist der ›unechte‹ Plural ‚näcljt' zur Alleinherrschaft gelangt, der andere, ›echte‹ [‚nëicljt'] nur im Compositum ‚waînëicljtn', Weihnachten, durchgedrungen; nhd. *ht* verzögerte hier den Umlautsprocess des *a*.

§ 31. Wenn die ‚käi' kann ich, ‚wäi' wann ich, ‚häi' hän ich, welche Weinhold, b. Gr. § 65, S. 72 aus Stelzhammer XVI herausliest, wirklich als ‚kä" ,wä" ,hä" mit hohem Umlauts-*a* zu lesen sind, wie es bei ‚däi' (ich lese z. B. ›Ahnl‹, Cotta, S. 273 deutlich ‚däi') unzweifelhaft ist, so darf man diese Fälle mit der mhd. Verschmelzung *daist = daz ist* nicht in Parallele bringen, wie es Weinhold thut, denn der Vocal einer solchen Verschmelzung wäre tiefes *ài* (mhd. *ei* = dial. oi, ôa), während obige Wörtchen hohes *ai* (sonst = mhd. *î*) haben. Auch als unechten Umlaut dürfte man den ersten Vocal nicht auffassen, da ein solcher wenigstens in ‚däi' = ›dass ich‹ insofern sicher nicht vorliegt, als die conj. ›dass‹ im Dialekt an sich schon hohes *a* hat, und zwar ein aus dem unbest. Vocal ‚ä' gedehntes ‚ä' (vgl. Roanäd, I, S. 179 und 450 § 44). Ein gleiches hohes *a* wäre also auch in ‚käi' ‚häi' ‚wäi' anzunemen.

Doch scheint dieses *äi* in ‚wäi' ‚häi' ‚käi' überhaupt fraglich zu sein, wenigstens lese ich ›Ahnl‹, S. 294 ‚hai', was dumpfes ‚oi', wenn nicht gar ‚oa' meint.

§ 32. Dem hohen Umlauts-*a* phonetisch gleichwertig aber nur gelegentlich in einer lautlichen Umgebung, welche den Umlaut erzeugen müsste, auftretend, begegnet uns ein hohes *a* in Fremdwörtern: ›Jenneräri‹ (Lindemayr[1], S. 157), ‚Füllwäräri' ‚Mäz̧i' allgemein für Januarius, Februarius, Martius. Slavisches *a* in *gradce* bleibt bis heute auch mundartlich als *a*: ‚Gräz'; es ist somit, trotz der früheren Schreibungen ›Gräz‹ ›Grecz‹ nicht anzunemen, dass der Stamm-

---

[1]) Weinh. § 339, S. 341. Möglich, dass auch unechtes *i* der Nachsilbe (tagin, wagin) beigetragen hat, den Umlaut zu erzeugen. Vgl. § 27.

vocal seit der slavischen Zeit geändert worden wäre. Romanisches *a* haben wir in ‚bráv‘ ‚regát‘ u. dgl. Vgl. Rānäd, I, S. 68, S. 90, S. 129, S. 450, § 44.

§ 33. Ein falsches Umlauts-*a* mit dem Grundlaute *o* (mhd. *o* oder *ō*) wird dadurch ermöglicht, dass das echte *a* dumpf gesprochen und daher mit echtem *o* leicht verwechselt wird. Der abgelautete Stamm *flöz* giebt ein ‚flá‘l‘ (= Schleuse), von *wort* giebt es ein Verbum denominale ‚wädln‘ (= wörteln, wortwechseln), von *tropfe* giebt es eine ‚af trápfti súpm‘. Gehört oberösterr. ‚tráχn‘ zu ‚tróχ‘ hieher? — Ein Ochse, der eine ›Blöße‹ (weissen Fleck) auf der Stirne trägt, heisst ‚Bläsl‘. Vgl. Rānäd, I. S. 57 und S. 135.

§ 34. Endlich sei noch jenes hohe *a* hier erwähnt, welches aus dem unbest. Vocal ä, der selbst wieder aus einem beliebigen Vocal durch überstarke Kürzung entstanden ist, durch Wiederdehnung hervorgeht. Mhd. *sin* (sunt) wird dial. zu ‚sain‘, dies durch Kürzung zu ‚sän‘, dieses durch Wiederdehnung zu ‚sân‘. Alle drei Formen sind im Dialekt bis heute gebräuchlich. Der ungeschickte Cappilleri vermuthet in ‚sân‘ (= sunt) ein wienerisches *a* nach § 5 und glaubt es recht gut bäurisch mit ‚soan‘ geben zu müssen, so in seinen ›Zeitlichtln‹, S. 14, S. 18, S. 20 u. s. f. — Mhd. *lit* für *liget*, *git* für *gibet* wird dial. zu ‚laid‘, ‚gaîd‘ (‚dän wój̓ ſtülld ûnd wîdäga îd, îs â sôu gûad wä-r aûnri laîd‘, alter Bauernspruch), durch Kürzung wurde daraus ‚läd‘ ‚gäd‘ und durch Wiederdehnung ‚läd‘ (Lindemayr[1], S. 57, S. 60 ›lüd‹) und ‚gäd‘ (ebenda S. 60 ›gäd‹); auch Stelzhammer, Ahnl (bei Cotta) S. 297 hat ›lät‹ und S. 274 ›gäts‹ = giebt's. Auch die oberösterreichischen ‚má̆‘ ‚dá̆‘ ‚sá̆‘ (mein, dein, sein) gehören hieher. Vgl. ‚Rānäd‘, I. S. 41 ‚dänòu dâs‘,[1]) S. 56 ‚sän‘, S. 141 ‚än‘, S. 179 ‚sân‘ und S. 450, § 44.

§ 35. Alle diese hohen *a* gehören unter einen Gesichtspunkt, sie sind die eigentlichen reinen *a* der Mundart. Hingegen hat das *a* = ahd. mhd. *ei* nur der herrische Dialekt, der bei dem fortwährenden Vergleich mit der Schrift die Gleichwertigkeit dieses Dialekt-*a* mit schriftdeutschem *ei* bloss künstlich unter der psychologischen Controle hält. Der Bauerndialekt, für uns der wichtigste, hat aber jenes *a* soviel wie gar nicht. In den später zu behandelnden hohen ‚a‘ für ›au‹ und ›ai‹ (mhd. *û, ou*; *î, iu, öu*) vermeint der Sprechende

---

[1]) Das anlautende *d* fällt, wie es anderwärts irrational auftritt, in manchen Gauen fort: ›a‘s‹. Damit weiss sich nun Weinh. b. Gr. § 5 nicht zu helfen, das hohe *a* ist ihm regellos. Vgl. S. 48, Anm. 1.

noch das »au« und »ai« zu erzeugen; freilich kann diese Meinung in Bezug auf das erstere nur sehr schwach sein, denn in ‚bîm‘ ist die labiale *u*-Wölbung so vollständig in den Lippenverschluss des *m* aufgegangen, dass ein *u* gar nicht mehr hörbar ist. — Aber in den von § 26—34 angeführten hohen *a* will der Österreicher und Baier ein hohes *a* aussprechen, und dieses hat für ihn als solches eine Bedeutung, ohne dass er vermeinen würde, einen andern Laut zu sprechen, und ohne dass er es etwa mit den entsprechenden Lautwerten der Schrift heimlich irgendwie vergleichen würde.

Wir haben also in diesen *a* auf dem Gebiete des Dialektes, obgleich dieselben verschiedenen Ursprunges sind, doch etwas für's sprachliche Bewusstsein Einheitliches, nämlich die Meinung, dass sie die eigentlichen *a* seien. Daher werden wir sie auch als etwas Einheitliches, ohne Rücksicht auf ihren verschiedenen Ursprung, in den Urkunden zurück verfolgen, so lange, bis wir etwa genöthigt sein werden, dem verschiedenen Ursprunge nach auch verschiedene Lautungen anzunemen. Wir haben also (wie beim *a* = ahd. *ei*) wenigstens vorläufig für alle die genannten *a*-Laute (§ 26—34) nur je einen Paragraphen für jedes Jahrhundert anzusetzen.

§ 36. Mit dem XVIII. Jahrhundert, aus welchem wir ja schon den Dialektdichter Lindemayr oben reichlich citieren konnten, wollen wir uns nicht viel bemühen. Unser hohes *a* hatte bereits seine heutige Geltung; geschrieben wurde es, wie bei Lindemayr, mit *ä*. So lesen wir Ö. W.⁶ neben »bonnthädung« (gleich daneben »pannpfening« S. 359, 1739), »pandätung« (S. 360, 1743), auch »gräß« (S. 360, 1739), »rauchfäng« (pl.), wiederholt »bestättigt« (S. 361, 1743; vgl. Stelzhammer, Ahn'l, bei Cotta, S. 296 und 395 »bstättn«) gegen »feuerstött« S. 361, wo das *ö* den andern Umlaut des *a*, nämlich geschlossenes *e*, bedeutet. Das dialektische ‚gwâkſ‘ erscheint 1730, Ö. W.⁶, S. 374 als »gewähs« neben »stämbl«, dial. ‚ſtâml‘, »feihtpämblein«, dial. ‚faîchdnbâml‘ etc. Dial. ‚mɑſârai‘ erscheint 1740, Ö. W.⁶, S. 374 als »mäßerei«, hingegen steht ebenda »abmäßung« vom dial. ‚meîſn‘, messen (*ei* = *ö*). Dass in allen diesen Fällen unter dem Zeichen *ä* nicht etwa ein offenes *e*, sondern wirklich nur hohes *a* zu denken sei, zeigen die Schreibungen »gwachs«, »gwachsig« (S. 449), wo sonst »gewähs«, »gewähsig« zu finden ist. Dieselbe Urkunde, aus welcher wir oben »gräß« für dialektisches ‚grâ̂ſä‘ entnommen haben, zeigt S. 361 auch die Schreibung »graß« und »satisfaction« (§ 32 S. 360), zweimal »Stöghɑnßl«, wo mit dem Zeichen *a* hohes dialektisches ‚a' gemeint ist. — Auffällig ist aber die Schreibung »gewöx« des XVII. oder XVIII. Jahrhundert aus der Gegend von Villach in Kärnten. Vielleicht ist das *ö*, welches auf geschlossenes *e* als zweiten Umlaut des *a* deuten würde, nur ein Druck- oder Schreibfehler für *ä*; aber es ist auch möglich, dass der betreffende kärnthische Randdialekt in ahd. **kawahsi* das *i* nicht mit dem Centraldialekt zugleich abgeworfen, sondern noch bis zu einer zweiten Umlautwirkung beibehalten hat, oder es kann das geschlossene *e* (»ö«) auch einer im Randdialekt weiter platzgreifenden Analogiewirkung ihr Dasein verdanken.

§ 37. Aus dem XVII. Jahrhundert stellen wir in die erste Linie das Gedicht von der Befreiung Ofens; dasselbe schreibt »*Jäckl*« für Jakob, Vers 1, 51 und 57, »thäts« V. 14, »Gschäfft« V. 15, »wär« V. 19, »schwär« V. 20, »stäts« V. 25, »fühlet« V. 35, »Länder« V. 56. Bei der geflissentlichen sonstigen Dialektorthographie ist das *ä* dem damaligen Zeitgebrauche gemäss als hohes ‚a' zu lesen, wie auch aus der zufälligen Schreibung ‚kam' V. 15 für »käm« und »Messias« für »Messiäs« zu entnemen ist. Auf »G'schäfft« reimt »grüfft« = gerauft, wo hohes *a* in den reimenden Stammsilben ganz sicher ist. — Dass dieses Zeichen *ä* im XVII. Jahrhundert wie hohes (lateinisches) *a* zu lesen sei, geht auch aus den Grabdenkmälern des Wiener Schottenstiftes hervor, wo 1685 ein »Urbänuss Khönig« (= Urbanus) bedachtsam in Stein gemeisselt, ein »Gnädig« anderseits 1674 statt schriftmässiges »gnädig« in Messing ciseliert erscheint (Kenot. Scot., S. 46 und 57). Im Jahre 1693 begegnet mir »zwischen der bäch« (Büche, B. XV, F., S. 197) neben »primätor« = lat. primator (ebenda), wo doch nur hohes *a* gemeint sein kann. Und wenn ebenda aus dem Jahre 1696 »keibl« für »Kälb-lein« erscheint, so ist das dial. ‚khaïwl' darunter gemeint, wo das ‚aï' (»ei«) seinem ersten Bestandteile nach das hohe Umlauts-*a* (= hd. ä), seinem zweiten Bestandteile nach das hd. *l* bedeutet (Weinhold, b. Gr., § 158, a, S. 164). Eine Reuner Urkunde aus dem XVII. Jahrhundert, welche sonst regelrecht »*Pantaïding*«, »*Gaïsstall*«, »-staïnerisch« von »schätzung«, »Grätwein«, »raufhändl« unterscheidet (Ö. W.⁶, S. 366 f.), verwechselt doch einmal »tachtraïf« mit anderweitigem »dachträpfen« (S. 174) »dachträpf« (S. 179); durch diese Verwechslung wird aber bezeugt, dass *ä* wie oben *ai* (§ 9, Anm. 3) mit hohem *a* zu sprechen sei. Dieselbe Urkunde schreibt daher auch »bis däto« S. 370 für lateinisches hohes *a*, so dass also der Wert des Zeichens *ä* über alle Zweifel erhaben bleibt. Die bereits oben

§ 9 erwähnte Stampferin, welche für den hohen a-Laut, schon wo derselbe = ahd. mhd. *ei* gegolten hat, erwiesenermassen ihr *ä* setzt, schreibt neben »Wäberl« (= Barbara, Rosegger, Heimg., XIV, S. 456, 1679) und »Khattdähr« (= Katarrh, S. 454) und »Pättern« (lat. pater, S. 452) und »Chonstänzia«, »Ferttinüntuss« (S. 451) und »Innäzius« (S. 449) und »Wäsche« (= Bascha, S. 618) und »mächen- mettischen (= mahomedischen, S. 618), wo die hohe Geltung des *a* (»ä«) durch die fremde Abstammung gewährleistet ist, auch »Änl« für Grossmutter S. 457 (dial. ‚ā˙l‘), »Schnelän«, »Ärzt«, »Fränzl« (S. 451, 1677), »gedärm« (S. 449, 1669) für dial. ‚schnēlā˙‘ ‚āz‘ ‚fränzl‘ ‚dāṅ‘. Wenn in der Chronik der Wiedertäufer »Scheikowitz« und »Schai- kowitz« (W., S. 184) mit »Schäkowitz« (S. 325, c. 1630) wechselt, so kann sowol bei *ei*, *ai* als bei *ä* nur an hohes *a* gedacht werden. Im Worte »schlätzer« (vgl. dial. ‚schläzi‘, schlüpfrig), welches W., S. 376, c. 1630 für »Schinder« erscheint, kann *ä* auch = ahd. mhd. *ei* gelten, umsomehr, als in demselben Buche vor 1654 »Schleitzer« und bei Schmeller (b. Wb.) »schlaifsen« = »den todten Thieren die Haut abziehen« geschrieben wird. — »Gmälich« (W., S. 12, Mitte des XVII. Jahrhunderts) meint dagegen sicher dial. ‚gmā˙lā‘, allmählich.

Wir finden aber die Geltung des Zeichens *ä* als hohes dial. *a* für's Jahr 1626 auch ausdrücklich und geflissentlich beglaubigt. Die Baiern-Österreicher werden absichtlich verspottet, dass sie »Granz« für Graez, »Taaaler« für Teller, »waaarle« für wahrlich (Lindemayr[1], z. B. S. 20 »wärlä« zweimal) sprechen (C. S., S. 322, 1626). Zugleich erkennt man die Dehnung dieser Silben, das lange dialektische ‚ā‘ in diesen drei Worten ‚Grāz‘ ‚tällā‘ und selbstverst. ‚wā˙lā‘. Dass 1629 (Ö. W.[9], S. 380) in den Schreibungen »Bairthlmai« »laist« »unnach- laisig« mit den *ai* hohes Umlauts-*a*, resp. fremdes *a* gemeint sei, wurde schon oben § 9 erwähnt. — Wenn wir 1608 (B. XXII. H, S. 322) als Plural von mhd. *kar*, Wasserbehälter, »khäär« lesen, so ist dabei nur das Zeichen *aa* (§ 23) und das Zeichen *ä* für hohes *a* in eine Schrei- bung gehäuft. Im Jahre 1607 schreibt eine niederösterreichische Urkunde (Ö. W.[7], S. 307), welche ganz wohl »pergthaiding« »knit« »raichen« von »thät« »wägen« (currûs) scheidet, neben »Schadwien« für angebliches »Schaidewien« (§§ 9, 10 u. 13) auch »fravel« neben »frävel«, meint also in diesen Fällen sowol mit *a* als mit *ä* den hohen a-Laut. — Eine steirische Handschrift vom XVI. bis XVII. Jahrhundert aus der Peggauer Gegend (Ö. W.[6], S. 355 f.) schreibt »Grädtwein« für den Ort Gradwein, ebenso wie »sämbsteig« für dial. ‚sām˘dai‘

(s. unten ‚a' = mhd. *û, ou*); da in letzterem Falle sicher nur hohes *a*
im Zeichen *ü* zu erkennen ist, ist der gleiche Wert auch für *ä* in
›Grädtwein‹ verbürgt. Ueberdies wechselt noch ebenda S. 356
›jährlichen‹ ›gärten‹ (›panthüding‹ § 9) mit ›fraventlich‹ und
›nambe‹ statt fräventlich und nämbe (sumeret); also die Zeichen *a*
und *ä* treten abwechselnd für hohes *a* auf, während das dumpfe *a*
ebenda in ›nochlaufft‹ ›schlochen‹ (= schlagen), ›obhackt‹ mit dem
Buchstaben *o* geschrieben erscheint. Ob in ›dochträff‹ das *ä* auf
ein *au* zurückzuführen (s. unten III.) oder aber als unechter Umlaut
von *o* in mhd. *trophe* zu erklären ist (§ 9, Anm. 3 und § 33), jedenfalls ist damit nur ein hohes *a* gemeint. — Solcher Belegsfälle liesse
sich noch eine ungleich grössere Zahl erbringen.

§ 39. Wir gehen nun ins XVI. Jahrhundert zurück. Wenn
Weinh. b. Gr., § 66, S. 72 für ›a‹ (wol = nhd. ›ä‹) ein ai belegt
und ›aytzung‹ ›saibel‹ ›saibeln‹ anführt, so ist mit solchem *ai* doch
nur ein hohes *a* bezeichnet. Vgl. § 9 und 38. Dem Kenner des
nürnbergischen Randdialektes wird die Erklärung überlassen bleiben,
warum auch ›Maintail‹ für ›Mainthal‹ erscheint.

In den Denkmälern des Schottenstiftes (Dechant, Kenot. Scot.
1877) begegnet merkwürdiger Weise oft das Zeichen *a* für hohes
a : ›genadig‹ 1567, S. 34; ›sallig‹ 1537, S. 27; und noch 1674,
S. 57 ›Graffin‹ dreimal, ›gnadig‹; 1724, S. 49 ›Grafin‹ zweimal; 1716, S. 54 ›Grafin‹. Und da in den Compositis mit ›halm›
schon seit dem X. Jahrhundert [hohes] *a* für *ä* eintritt (Wb. § 4,
S. 15), so erscheint Kenot. Scot. 30 auch ein ›Wilhalmb Starch‹,
1580. Mit *ä* geschrieben erscheint hohes *a* in ›Bärtlme von Freyss-
leben‹ (1511, S. 38), mit *e* geschrieben in ›mermelstain‹ (1570,
S. 38).

Dieselben drei Zeichen *ä*, *a*, *e* wechseln viel reichlicher noch
in den Wittelsbacher Briefen, die zum grössten Teile von Erzherzogin
Maria, Mutter Ferdinands II., herrühren. Im Worte ›cüder‹ für Katarrh
(s. § 10, auch 9) wechseln zwei Zeichen in einem Worte (Sti. XVII.,
S. 424, 1590). In ›gesett‹ für gesät (S. 491, 1593) und in ›auskem‹
(Sti. XVIII, S. 503, 1597) könnte ein Skeptiker über den Lautwert
des Zeichens *e* in Zweifel sein: in ›terrant‹ (= Taranto, Sti. XVII,
S. 465, 1591) und noch deutlicher in ›guebernetter‹ (= gubernator,
S. 488, 1593) erhellt der hohe *a*-Laut wie in ›cäder‹ aus der
parallelen, lateinischen, resp. italienischen Lautung; Täfelchen wird
in einem und demselben Jahre 1591, S. 457 ›mit 2 defelle‹ (,tävälä' in

Graz), S. 467 »die deflen«, S. 462 aber »mit den däfln« geschrieben:
die »dafllen« (Sti. XVIII, S. 157, 1594) meinen aber Mahlzeiten
mit dumpfem *a* (,tôvln'). In »*trämb*« (Balken, ,trâmbâm', Schm. b.
Wb. »*Trâm*«, »*Traum*«; Sti. XVII, S. 491, 1593) könnte »*ä*« das
nämliche hohe *a* wie in »*käm*« (= kaum, Sti. XVII, S. 456, 1591)
bedeuten, von welchem unten die Rede sein wird; wenn aber gleich
in demselben Briefe, der »*käm*« schreibt (S. 456), »*pätter* Eme-
ricus« und anderwärts (S. 491, 1593) »*pätter* Johannes« begegnet,
so ist das lat. *pater* mit hohem *a* auch für den grössten Zweifler
über alle Discussion erhaben. Der slavische Radživil erscheint als
»Rädüsil« und »*Räzeuill*« (Sti. XVII, S. 460, 1591), später (S. 478,
1593) lesen wir »die *spänisch* Pension« und S. 480 »*fämosschriften*«
für Pamphlete. Wollte ein Hypergermanist schon in »*Räzeuill*« und
»*spänisch*« das *ä* nicht als Bezeichnung des fremden hohen a-Lautes
sondern als einen analog gebildeten Umlaut, der erst nach der Entlehnung ins Deutsche eingetreten wäre, ansehen: so kann er seine
Meinung nicht festhalten für's obige »*cäder*« (˘ —) »*terrant*« oder
für »*fämosschriften*«. Bedeutet aber *ä* (*e*) unmittelbar den fremden
hohen *a*-Laut, so muss es auch in echten deutschen Wörtern die
phonetisch gleiche Lautbedeutung haben. Kein Wunder also, wenn
oft in demselben Satze ein *ä* (*e*) mit einem blanken *a* bei der Bezeichnung von hohem *a* wechseln: »wan [Euer Liebden] gesundt
waren, wer es mir ein herzliche Freudt« (Sti. XVII, S. 473, 1592).
Der Name »Ännchen« (heute ,Nändl'), den 1685 die Frau Stampferin
mit »*Ändl*« schreibt (Rosegg., Heimg. XIV, S. 619), schreibt Erzherzogin Maria 1590 mit »*Anndtl*« (Sti. XVII, S. 424); auch schreibt
sie »*cadolisch*« (z. B. S. 425); Herzog Max schreibt »hinaussge-
blanglet« (S. 480, 1593; ,aûsibláŋkld' = hinausgeschleppt). In
diesen Fällen steht also für hohes *a* das ‾blanke Zeichen *a*, weshalb
auch die gleichzeitigen *ä* und *e* in grammatisch gleicher Verwendung
auftretend, keinen andern Lautwert haben können.

Sehr wichtig ist uns hier für das XVI. Jahrhundert das schon
oben erwähnte Amstettner »pantaeding« von 1543 (Ar. 25, S. 83 ff.), weil
es ökonomisch mit den Lautzeichen verfährt und daher für die
Schlüsse auf die damalige Aussprache eine verlässliche Basis ge-
währt. Von vorneherein ist für Amstetten wegen der Nähe Ober-
österreichs die Vermutung am Platze, dass dort der rein bäuerliche
Vocalismus, wie er sich für's XVIII. Jahrhundert bei Lindemayr
darstellt, gegenüber der »herrischen« Aussprache auch in Schrift-

denkmälern besser zur Geltung gekommen sein wird. Lindemayr hat hohes *a* (»ä«) für den Umlaut von *a* sammt Annexen, ebenso wie für das unten zu behandelnde alte *ou* und *û* vor Labialen und *i* vor *l*. Für mhd. *ei* schreibt er *ai*, womit ‚ôä‘ gemeint ist, vor Resonanten jedoch wird dieser Laut über ‚oi‘ zu ‚ui‘ (‚wuinn‘, ‚huim‘, ‚muinn‘, selbst ‚uins‘ für weinen, heim, meinen, eins etc.). Diesem Verhältnisse entspricht genau die Schreibung des Amstettner Banntheidings. Für hohes *a* ,des Umlautes gilt das Zeichen *e* (»gnedigen«, »pescheh« »khem« für *gnædigen, geschæhe, kæme*), aber niemals ein Zeichen ae. Die mundartliche Aussprache ‚wâll‘ (= mhd. wîl-) wird daher zweimal mit »wel« gegeben (»di wel«). Das Doppelzeichen *æ* (so, jedes Zeichen separat) gilt für den Bauernlaut ‚ôä‘ (= mhd. *ei*); an seine Stelle tritt vor Resonanten ein »ai«, welches bei der dumpfen Geltung des *a*-Zeichens für ‚oi‘ zu lesen und dem Lindemayr'schen ‚ui‘ voraufgegangen ist. Also »aed« »taeding« »waedthouen« etc. gegen »kain« »zwainzig« »thain« (vgl. »doin« bei Erzh. Maria, unter Vocal ‚ôä‘). Das gerichtliche Wort *teidinc* mussten indessen auch die Amstetter so oft aus »herrischem« Munde mit hohem *a* gehört haben, dass sich auch zweimaliges »tading« in jenes Banntheiding einschlich;[1] von dem hohen Umlauts-*a* (bezeichnet mit *e*) blieb dieses *a* also graphisch doch noch gesondert. — Das *œ* als Ligatur kommt in demselben Weistum nirgends vor. — Das zweite *a* in »Passa« = Passau ist wol nur ein ‚ä‘, der tonlose Vocal der Bildungssilben. — Über »strechunter« = mhd. *strichender* s. unten *c*).

In andern Weistümern des XVI. Jh. ist die Orthographie minder consequent als in diesem Amstetter Büchlein. Hohes Umlauts-*a* erscheint bald mit blankem *a*, bald mit *ä* und *e* geschrieben, so 1543 (Ar. 25, S. 122 f.) »kham« »geschach« für käme, geschähe neben »thättn« «thet« »wer« (wäre), S. 124 «beschehe« für geschähe. So recht anheimelnd klingt »ain Värtl‘ d. i. ‚vâdl‘ = Fuhr, Ar. 25, S. 94, wenn man weiss, dass »ä« wie ‚a‘ zu sprechen ist: thatsächlich wechseln die Schreibungen »Mätterdiennst« und »Maderdienst 1553 (Ar. 25, S. 76 f.), mit beiden Schreibungen ist aber gemeint dialectisches, ‚mâdä-deä sd‘, Ablieferung von Mardern an die Herrschaft; dial. ‚môdä‘ Marder, Pl. ‚mâdä‘. Dass nicht etwa schon der Singular des

---

[1] Denkbar wäre es auch, dass das *a* in »tading« ein dumpfes mit graphisch vernachlässigtem Nachschlags-*e* wäre, also = ‚ôä‘, wie das ae in »taeding«. Vgl. »Fanueld« für *Foanvelt, Fuonvelt*, unter Vocal ‚ôä‘.

Wortes »Marder« im Dialect damals hohes *a* gehabt hat, wie im Munde der heutigen Marktschulkinder, beweist pl. »Mäderpelg« 1503 (Ar. 25, S. 73): obiges »Mütterdiennst« meint also den dialectischen Plural des Bestimmungswortes. So ist sicherlich auch »Kirchtägen« und »Tägen« Ar. 25, S. 126 mit hohem *á* zu lesen: ‚Khīāchtāʿī‘ ‚tāῆ‘. Ein der ersten Hälfte des XVI. Jh. entstammendes Banntheiding aus dem Frauenkloster zu Kirchberg am Wechsel zeigt uns ähnlich wie das Amstetter Büchlein den Unterschied zwischen hohem ‚a‘ (Umlaut von *a*) und ‚ῆā‘ (geschrieben »ae« = mhd. *ei*). Wie man aus »woer« für Ware (Ö. W. ⁷, S. 38) und »farstner« für Forstner, Förster (S. 39) ersieht, wurde der Grundlaut *a* dumpf gesprochen: hohes *a* wird hingegen mit »ä« bezeichnet, wie wir aus S. 40 »päm« d. i. ‚pám‘ »äeren« d. i. ‚äῆ‘ [Bäume, Eid'n = Egge, mhd. *eide*] sowie aus der Verwendung des Zeichens »ä« für den Vocal ‚ä‘ der tonlosen Silben ersehen: »lüsnät« (S. 38) »fischät« »zuckät« (S. 35) sind die dial. Conjj. Praet.: ‚lisnäd‘ ‚fichäd‘ ‚zúkäd‘. Darnach müssen wir also auch die Umlaute in »frävel« »käm« (S. 39) »geschäh« (S. 40) mit hohem ‚a‘ lesen, auch wenn sie daneben traditionsmässig mit *e* gezeichnet erscheinen (»geschech« »kem« S. 39). Und wie man einerseits nicht alle dumpfen *a* mit dem Zeichen »a« wiedergab (s. oben »woer« = Waare), so hat man andererseits das Zeichen »a« in vereinzelten Fällen auch für hohes ‚a‘ verwendet: zunächst freilich für das kurze unbestimmte ‚ä‘ (Conjj. Praet. »zörat« S. 36, »verderbaten« S. 40; »zehathuen« neben »zehenthüener« S. 40, dial. ‚zěhäd‘ und zěchänd‘), aber auch in dem aus dem Amstetter Büchlein bekannten, mit »herrischem« hohen ‚a‘ ins Volk gedrungenen »pan]tading« (S. 31 und öfter). Hingegen wird sonst der dumpfere Laut, welcher im Bauernmunde dem mhd. *ei* entspricht (‚ῆā‘), in diesem Kirchberger Banntheiding mit der schon oben beim Amstetter Büchlein erwähnten Schreibung »ae« bezeichnet, wo »a« tief wie offenes ‚o‘ und das »e« als unbestimmter Nachschlag zu lesen ist: »tischwaet (S. 35), »wasserschaet« (S. 39). In einer Klammer Urkunde aus 1540 (Ö. W. ⁷) finden wir nebst »panntäding« (S. 320), wo *ä* das bekannte hohe ‚a‘ = mhd. *ei* ist, die Umlaute »wülld« (S. 322), dial. ‚wälld-ä‘ = Wälder, »wär« = ‚wür‘ und das bezeichnende dreimalige »gätter« (S. 323), dial. ‚gädär‘ = Gitter [eigl. »Ge-gätter?«]: für das Zeichen *ä* müssen wir daher auch in diesen Fällen, um es mit obigem »panntäding« in Einklang zu bringen, den hohen *a*-Laut annemen. Und dieser Umlaut wird genau unterschieden von dem andern Umlaut des *a*, den wir heute als geschlossenes *e* empfinden: letzterer wird mit *e* oder besonders gern mit *ö* bezeichnet. Also neben »fr*ä*fl« etc. finden wir z. B. Ö. W.⁷ S. 299 ff. »schödtlich« »förtigen« »hautwöhr« »pösserun« wegen dial. ‚frâvl' gegen ‚schêidli' ‚fîatiŋ' ‚haundwîa'' ‚béifäruŋ'. — Ein Enzenreuter Weistum aus dem Anfang des XVI. Jahrhunderts schreibt nebst dem ofterwähnten »Bant*a*ding« »bant*ä*dig« (also hohes ‚a' für mhd. *ei*) auch das Dorf »Danegg« (dial. ‚Tânig') bei Neunkirchen mit »*ä*« »T*ä*nnigkh« (Ö. W.⁷, S. 292); derselbe Ort erscheint in Urkunden des XII. Jb. mit »Tovnike« gezeichnet, enthält also jenes später zu behandelnde hohe *a*, welches schon frühe vor Labialen und in etlichen Fällen vor *n* für historisches *ou* und *û* eintritt. Wird nun dieses hohe *a*, welches, gleich dem ‚a' für mhd. *ei* niemals ein Umlaut von »a« gewesen ist, mit »ä« bezeichnet, so wird man auch die Umlauts-ä nur mit hohem a lesen können in »frävel« »wär« etc. (S. 292). Und wenn das *ä* in »wär« mit *ë* wechselt (»wër« S. 292), so kann dieses vom eigentlichen *e* durch zwei Punkte unterschiedene Zeichen eben auch nur ein dialectisches hohes a zur Voraussetzung haben. Im XV. Jahrh. werden wir diesem *ë* noch ungleich häufiger begegnen.

Wenden wir uns von den Weistümern Niederösterreichs weg zu dem Steirer Herberstein. Dieser wechselt mit den Schreibungen »verpr*ä*mbt« (z. B. He. 348) und »verpr*au*mbt (3mal S. 347), ein Beweis, dass ihm das Zeichen *ä* jenen Lautwert hat, wie *au* vor *m*: d. i. den Wert eines hohen ‚a'. Der Ort Gr*a*disca hat in seiner Stammsilbe hohes slavisches (und romanisches) *a*, eine Umlautung durch das nachfolgende *i* ist thatsächlich bis heute niemals eingetreten; und doch schreibt Herberstein »Gr*ä*disch« (S. 75), meint also mit »*ä*« hohes slavisches oder romanisches *a*. Romanisches *a* hat auch mhd. »Jacke«, frz. *jaque*, dial. mit Geschlechtswechsel ‚j*á*ŋkä' schwm. statt j*á*ŋkŋ', Wiener Dialect ‚j*á*kŋ' schwf. Jenes, ‚j*á*ŋkä', dessen -ä an sich auch einem mhd. nhd. -*er* entsprechen könnte, schreibt Herberstein (S. 346) viermal mit »J*ä*ngkher« und neunmal mit »J*ä*ngger«. Die ganze Dialectform bürgt dafür, dass nicht mhd. [*schacke* und] *schecke* mit *e* hier vorliegt, sondern dass das Zeichen »ä« das heutige hohe a in »J*a*cke« und j*á*ŋkä' meint, welches also seit der Entlehnung aus dem frz. bei seinem urspr. Lautwert geblieben ist. Wol aber dürfte schon das mhd. *schecke* ein gleichzeitiges dialectisches ‚sch*a*cke' zur Grundlage gehabt haben, wie ja die andere

Nebenform *schake* so deutlich nahelegt. Auch Schm. B. W. ² I. S. 1208 kennt Schreibungen mit »a« und »ä«, aber nur eine Aussprache mit hohem ‚a'. Wir werden daher bei Herberstein auch alle andern »ä«, insbesondere die Umlaute von *a*, an der Hand der heutigen Mundart mit hohem ‚a' lesen dürfen und müssen: »Zintällern« (He, S. 353), dial. ‚zĩtállà' gegen »Gleser« (ebda) und »lennden« (S. 199), dial. ‚gléisà' und ‚laĩntn'. Das curiose in den »Fontes« unerklärt gebliebene »Weinhändl« (S. 354) ist also das dial. ‚waĩhãˀl' ein kleiner Weinhahn, Piepe. Wir erkennen ferner in »Ungevärlich« »Khärndten« (S. 70), »wäre« »wãr« (S. 71), »wällder« (S. 72), »Pärn« (S. 74), »Gräbner« (S. 116), »Cotschy-wägnen« (S. 134), »Stätle« (S. 268 u. 278), »Stätl« (S. 278), »Näglfarber« (S. 347), »Feurhäggen« Pl. (S. 354) genau wieder unsere heutigen Dialect-formen: ‚vä-r uηgvãr' von Ungefähr, ‚Kháütn' ‚wãˀ' wålldà' ‚bãñ' (unorg. Plural von ‚bõñ' = Barren, Rõanãd S. 397, 1) die Dative Plur., grâüãn' ‚wãηãn' (Rõanãd S. 397, Anm. 1), das steir. ‚ſtâdlà' und das allgemein bair.-österr. ‚ſtâdl', das Adjectiv ‚nâglvõaw' ‚nachälvõaw' (nelkenfarbig), den Plur. ‚faĩhâgη' vom Sing. ‚faĩhougη'. In »verstänndigen« (He, S. 71) müssen wir trotz der heutigen, — aus Schriftdeutsche gelehnten Form ‚väšdaîndiηà' für das XVI. Jahrh., in Analogie mit öfter wiederkehrendem »bestätten« »bestättigen« (trotz neuerem ‚pſtéitiηà') hohes *a* annemen. Die eigentlichen Dialectformen sollten demnach lauten: ‚väšdândiηà', ‚pʿtãdiηà'.

In der »Vernichtnuß der payren von einem kropfaten steyrer«, deren auf uns gekommene Handschrift, trotz höherem Alter des Textes, aus dem XVI. Jahrh. stammt, wird den Baiern vorgerupft, dass sie zu Hause »fleyden« fressen (V. 131). »Fleyden« ist offenbar der Plural von »Fladen«. Der Umlaut von »a« ist aber niemals wirkliches »ey«: wir können bei letzterem hier nur die oben ent-wickelte Lesung ‚a' (hohes *a*) annemen. Dieses hohe *a* erscheint blank in »kamplein« (Vn., V. 100), wo es doch im Diminutivum sicher Umlaut ist; ferner in »schaczen« (V. 45), dial. ‚ſcházn' = schätzen, wo ein dumpferes nicht umgelautetes *a* durch den Reim »rüczen« (V. 46), dial. ‚râzn' = Serben, Griechen, ausgeschlossen bleibt. Und nur wenn wir in dem Genitiv »geschlächtes« (V. 22) das *ä* trotz dem heutigen, schriftdeutsch modificierten ‚gschlêchd' mit hohem *a* lesen, halten wir die Analogie mit ‚ghák' ‚gηák' ‚gfrãs' etc. aufrecht und begreifen auch, dass die Polen ihre »Schlachta« nach unserem »Geschlecht« bezeichnen konnten. Die eigentlich dialectische

Aussprache wäre sonach ‚gschlächd'. Und in der Aufschrift erscheint das dem hohen ‚a' ähnliche unbestimmte ‚ä' mit blankem *a* bezeichnet (»kropfaten«).

Sehen wir uns noch ein bisschen in Baiern um. Leonhard Widmanns Chronik von Regensburg hat S. 118, c. 1548 den čechischen Stadtnamen *k zebríkum* (Žebráky, Bettlern, südwestl. von Prag) transscribiert: »zum Scheberecken« mit vier *e*. Das erste ist čechisch ein offenes *e*, bairisch kann es 1548 nur unser heutiges mittleres *e* sein; das zweite will den unbestimmten Laut ‚ä' bezeichnen, der sich nach Růnäd S. 181 (‚lúkrǎd') unorganisch eingeschlichen hat. Das vierte ist ein stummes *e*, will nur die Silbigkeit des *n* bedeuten (Růnäd S. 99 f., ‚kraiŋkt-'s-'n'). Das dritte *e* aber, welches mindestens den starken Nebenton, wenn nicht im Deutschen den Haupton hat, vertritt čechisches *í*; also wird hohes ‚a' gelegentlich mit *e* bezeichnet. S. 182 derselben Chronik finden wir dasselbe Zeichen *e* in gleichem Sinne verwendet in »spenisch«; dass wir auch hier nicht an einen wirklichen neuhochdeutschen Umlaut denken dürfen, zeigt S. 117 der Wechsel zwischen »spanisch« und »spenisch«. Ebenso wechselt »durchschlachtz« (S. 159, == durchgehends) mit »durchschlechtz« (S. 173), zu lesen ist in beiden Fällen offenbar ‚důachschlǎchts', wie wir bei demselben Stamme schon oben nahegelegt haben. So wird also auch »sehern« (S. 143) als ‚săhǎn' sich von unserem heutigen ‚säwän' nur durch den ersten Umlaut und die andere Reibungsstelle unterscheiden, und »nerb« (S. 132) ganz das heutige ‚nâw' ‚âw' sein.

Obwol das Zeichen *e* für hohes Umlauts-*a* in Baiern wegen der grösseren Nähe Schwabens häufiger gebraucht wurde als in Österreich, ja selbst in den heutigen Ortsnamen noch eine ungleich grössere Anzahl solcher *e* besteht, finden wir im XVI. Jahrh. selbstverständlich doch auch das Zeichen *ä* in gleichem Sinne verwendet. S. 27 derselben Chronik lesen wir »auff der äx«: dieses *ä* hat von seinem lateinischen Ursprung (an Urverwandtschaft glaube ich bei diesem Worte trotz čech. *osa* kaum, *osa* ist eben auch Lehnwort) bis zu seiner heutigen Dialectform ‚ákſ' sein hohes *a* bewahrt. Mhd. *ahse*. Das *ä* kann also keinen höhern Laut gegen *i* zu bedeuten als hohes ‚a'. Die gleichbedeutenden Zeichen *ä* und *e* wechseln daher ab: Chr. SS. 43, 132, 197 »nägst», hingegen SS. 67, 330 »negst« (dial. ‚nákſt'); oder sie kommen gar beide nebeneinander vor: »glashäel« (S. 100), dial. ‚glöshâll' == spiegelglatt. Das pho-

netisch gleichwertige Zeichen »ác« in § 10 [»Znäomb« »gewäet«]
bei dem Steirer Herberstein entstammt demselben XVI. Jahrhundert.
Aventin, der sich zum echten Dialecte in bewussten Gegensatz stellt (s. Weinh. b. Gr. S. 65 f., Anm.) und morgen zu
»margen« aufbessern will, mag einzelne hohe *a* des Dialectes in
seiner Aussprache nach Schwabenart[1]) zu offenen *e*-Lauten aufgeputzt haben, da er (Chorn. 1566, fol. XVII) das uns bekannte »herrische«
a (= ei) in »Beham« als fein genug beibehält, hingegen das dial.
Wort ,puláknʻ ,pulágnʻ in »Poláken« verfeinert, mit diesem »á« aber,
wie das nebenstehende »Zácho«[2]) beweist, nicht hohes *a*, sondern
wirklich offenes *e* meinte. Umgekehrt haben auch die Čechen, wenn
sie ihr »šlechta« »šlechetný« nicht von einem nördlichen deutschen
Dialect entlehnten, bair.-österr. ,a' in ,gschlâchd' (s. oben) in offenes
e abgeändert, während die Polen in ihrem »Schlachta« unser hohes
a beibehielten. Dass den Čechen dergleichen Veränderungen zu-
gemutet werden dürfen, siehe Ver. f. Lk. 1888, S. 425, § 29 f. Es
bestand ja zwischen den einzelnen deutschen Stämmen — und
die Čechen erscheinen mit ihrem Deutsch teils im Gefolge der
Obersachsen, teils in dem der Baiern-Österreicher — ein förmliches
bewusstes Correlationsnetz bezugs der Laute, die sich nicht
physisch, wol aber historisch gleichwertig waren; und das Vorhandensein dieses Correlationsnetzes im Bewusstsein der deutschen Stämme
war eine Grundvorbedingung der jetzigen Schriftsprache.

§ 40. Wir rücken ins XV. Jahrh. hinauf. Da begegnen wir
vor allem dem Tagebuche des Wiener Arztes Tichtel (T). Er
schreibt das čechische *tábor*, Castell, welches der Dialect wie ,tábäʻ
,tâwäʻ sprechen muss, mit »teber« (S. 28, 1484): das erste *e* ist
ihm also das hohe dialectische und čechische *a*, denn ein thatsäch-

---

[1]) Sind ihm doch Schwaben und »Walhen« das Muster, wie man städtisch
das *a* zu sprechen hat. Chrou. fol. V. Man sieht also noch bis zur Zeit Aventins
die in § 21 erwähnten Verlegenheiten der ersten bairischen Schriftsteller und ihre
Abhängigkeit vom Schwäbischen und Lateinischen (Romanischen).

[2]) Aventin, selbst des Čechischen unkundig, scheint gefragt zu haben, »wie's
bei den Böhmen dort heisst in der eigenen Landessprache«. Denn so würde noch
heute ein Bauer die Frage nach einem Landes- oder Volksnamen stilisieren. Darauf
hat ihm sein čechischer Gewährsmann mit allzu gewissenhafter Detailrichtigkeit
und ohne die Fragen in der Hauptsache zu erfassen, was ja so charakteristisch
ist, die Wörter »bei den Böhmen« ins Čechische übersezt: u Cechů, weil u =
»bei« den Genitiv regiert. Oder Aventin fragte, wie man einen Böhmen auf
böhmisch »rueffet«, und erhielt den Vocativ des Sing. Cechu (o Böhme!) zur Antwort.

licher Umlaut im Sinne des Neuhochdeutschen ist bei der Natur
der zweiten Silbe nicht anzunemen; das zweite *e* ist das unbestimmte, dem hohen *a* ähnliche ,a' des Dialectes. Vielleicht sind die
Čechen damals wegen der hussitischen Kriegserfolge als Comman-
danten kleinerer Abteilungen beliebt gewesen und haben čechische
Kriegs-Termini, wie »teber« einer ist, mitgebracht. Denn S. 6 (1478)
redet Tichtel von einem »capitaneo fortalitio ... dicto peni bemischs«.
Die Wiener haben also einen böhmischen Herrn Schlosshauptmann
schon damals spöttisch mit dem Namen »Pane böhmisches« beehrt:
noch heute gilt der Vocativ *pane* bei den Deutschen Wiens als
Nominativ, nur haben sich die Wiener heute durch die vielen
ihnen zu Gehör kommenden hochdeutschen Auslaute auf ·e schon an
dieses letztere gewöhnt, während die Wiener zur Zeit Tichtels noch
gleich unsern Bauern diesen Auslaut verschmähten und durch ·i er-
setzten (Róanäd, I., S. 155, b). Das *e* in »peni« ist aber wieder
als hohes ,a' zu lesen, wie oben in »teber«. Haben ja auch die
Čechen ihrerseits das deutsche »geschefft«, welches im Wiener
Copeybuch (C. W., S. 28 u. 29, 1456) in der Bedeutung »Testa-
ment« vorkommt, mit gleichem Sinne als »kšaft« hinübergenommen,
ein Beweis, dass ihnen die Deutschen das geschriebene *e* als hohes
,a' vorgesprochen haben. — Der Name der Stadt Graz hat seit
seinem windischen Ursprung (Gradec) bis auf den heutigen Tag im
Volksmunde hohes ,a' behalten und dasselbe sicher auch im XV. Jahrhundert gehabt trotz der häufigen Schreibung »Grecz« (Ar. 11
S. 149, 1457).

Auch innerhalb der Mundart des XV. Jahrhunderts sind
sichere Anzeichen vorhanden, dass man den Buchstaben *e* in
vielen Fällen als hohes ,a' zu lesen hat. Ein Dorfrecht in der
Nähe von Pitten in Niederösterreich vom Jahre 1480 (Ö. W.¹,
S. 92) schreibt »rembt« für räumt, »leffen« für laufen, und
daneben »lest« für lässt. Wer da weiss, dass der Dialect ,rämb'
(,lafn') und noch bei Lindermeyr »lasst« ausspricht und schon sehr
frühe wie wir sehen werden, diese Aussprachen kennt, dem ist die
Bedeutung des obigen »e« als ,a' sofort klar.¹) S. 18 der Ö. W.¹

¹) Wie man also in »leffen« den historischen Diphthongen *ou*, *au*, mit dem
Zeichen des Umlautes *e* schrieb, so schrieb man auch umgekehrt den Umlaut von
a mit *au*: »lavmlein« (Weinh., b. Gr. § 71, S. 76 f.) für Lämmlein; wenn das
heute im Dial. ungebränchliche »Napf« so wie »Karpf« »Harpfe« einen unechten
hohen a-Laut hatte, dann gehört auch »navpff« (Weinh. l. c) hierher.

erscheint daher ein »lüt« für verstümmeltes ‚ta't' (= lässt) aus der ersten Hälfte des XV. Jahrb. Aber auch das andere dialectische (Lindemeyr'sche) »lät« (d. i. ‚lâd' = liegt, *lit* > ‚laîd' > ‚lîd' > ‚lâd') erscheint regelmässig als »let« im XV. Jahrh. bei dem steirischen Geistlichen Andreas Kurzmann (Ak. W. LXXXVIII, S. 812): wo doch von einem Umlaut, also einer organischen Berechtigung des Zeichens und der Aussprache *e* nicht die Rede sein und nur hohes ‚a' oder ‚ä' (aus ‚aî', Rönäd I., S. 449, § 42) zugelassen werden kann.

Der unbestimmte Vocal ‚ä', wo er mit *e* und insbesondere mit *ë* bezeichnet wird, legt es wegen seiner Ähnlichkeit mit hohem ‚a' nahe, dass auch in jenen Fällen, wo solches *ë* für den Umlaut von *a* verwendet wird, hohes ‚a' gemeint sei: werden ja doch auch bei den neueren Dialectdichtern beide Laute von einem und demselben Zeichen, sei es ein *a*, ein *â* oder ein *ä*, wiedergegeben. Dass *ë* von vornherein nicht wie gemeines offenes oder geschlossenes e zu lesen sei, lehren die zwei darübergesetzten Punkte. Wir lesen (Ö. W.⁷, S. 385, 1431) »unsẽrn« »unsẽrr« »pessẽrn«, S. 924 (1450) »innẽr« »weingẽrten«, S. 491 (1415) »vẽrsigilten« und daneben »tẽt« »wẽgen« (S. 924), »geschẽch« »wẽr« »tẽtten«: dial. ‚unsän' ‚unsä' ‚bëifän' ‚innä' ‚waî châdn' ‚väsiŭldn' und ‚tâd' ‚wâ꞊' ‚gschâch' ‚wâ'' ‚tâdn'. Auch unbezeichnetes *e* finden wir Ende des XV. Jahrh. in gleicher Verwendung: »freihet« (Ö. W.⁷, S. 340), wozu dial. ‚wöärẽd' ‚kraûꞃgẽd' zu vergleichen ist, ferner »send« (S. 349), dial. ‚sänd' ‚sûnd' eïɔiv, daneben »negsten« S. 349, »überkem« S. 352, »nemb« S. 357, »kes« S. 361. So wird also auch der wenig romantische Name »Wischmirsgsess« (Wh. b. Gr. § 238), Tichtels »tanabeschel« (T., S. 38, 1486), der Genet. Plur. »teg« (Ar. 11, S. 149, 1457) und der Ortsname »Hertelstein« (= Hartnîtstein, P., S. 350, 1427) mit hohem ‚a' zu lesen sein: ‚wi'chmàsgsä['' ‚taunäwäfchl' ‚tâch' oder ‚tâ' ‚Hâdlsdöä'.

Einen ferneren Beweis, dass als Umlaut von *a* im XV. Jahrhundert hohes ‚a' figuriert hat, erkennen wir darin, dass direct blankes *a* eintritt, wo nach mhd. Übung e stehen sollte, oder dass *a* mit den andern Umlautszeichen wechselt. Beim Steirer Kurzmann, der sonst ganz wol Grundlaut (z. B. »was«) und Umlaut (z. B. »wär«) unterscheidet, begegnet die Schreibung »vassel« für Fässchen (Ak. W. LXXXVIII, S. 845). In Kärntner Urkunden wird ein Ort S. 57, 74, 216 stets »vremsdorf« geschrieben: 1498 erscheint er als »Franssdorf«. (P.) In den Urkunden des Stiftes Altenburg in

Niederösterreich wird ein Ort um 1210 (A., S. 6) »Grauindorf«, ein anderer um 1308 (S. 117) »Graevinnensolcz«, derselbe um 1413 (S. 299) aber wieder »Grauensulz« geschrieben: nicht als ob der Umlaut im XV. Jahrh. wieder aufgehoben und der Ortsname wieder anders gesprochen worden wäre, sondern weil nur die Schreibung wechselte, der Stammlaut (hohes ‚a‘) aber blieb. Der Ort »Eipeltau« bei Wien erscheint zuerst als *Alpintö*; in einer »späteren« Note zur Nr. 454 (c. 1120) des Salb. v. Klosterneuburg schon als »*El*peltaw«; c. 1450 »Elplau«, sonst aber im Verlauf der Jahrhunderte bis 1512 stets mit *A*: *Alpiltowe, Alpiltew* etc. (Ver. f. Lk. 1887, S. 119 ff.) Das zweimalige E besagt nun nicht, dass der Ortsname sonst mit A und zu zwei verschiedenen Zeiten mit E gesprochen wurde: ein solches Schwanken der Aussprache wäre, besonders wo der Wechsel der Schreibung noch ein viel häufigerer ist, eine lächerlich unfähige Anname. E besagt nur, dass das sonstige A als hohes ‚a‘ ausgesprochen wurde, welches ja nicht selten auch mit e bezeichnet wird. Wir haben also hier ebenso dialectischen Umlaut, wie wir ihn in »Mænsee« »Mæntag« noch finden werden *(mâninseo; mânintac)*. Aus dial. ‚âllpltau‘ wurde durch die Wiener Jotisierung (Labialisierung) des l über ‚ajpltau‘, ‚âüpltau‘ das jüngere »Eipeltau«. — Wenn (Ver. f. Lk. XXIII, S. 371) schon 1374 ein »Mæczendorfer« also mit deutlichem Umlaut des *a*, erscheint, so dürfen wir 1412 das ‚Matzendorf‘ nicht mit dumpfem, sondern nur mit dem hohen ‚a‘ des dial. Umlautes lesen. Und wenn eine nied.-österr. Urkunde aus dem Anfang des XV. Jahrh. (Ö. W.[7], S. 363) das mhd. *ei* einmal mit *a* (»Wamasfeld«, s. § 11), das andere Mal mit *e* gibt (»pannteding«), also hohes ‚a‘ mit *e* schreibt, so darf man auch die Schreibungen »frevel« »jeger« »nem« »kem« (S. 368) oder »küss« neben »kess« (S. 365) mit hohem ‚a‘ gesprochen denken. Auch der Name »Schranawand« (zwischen Triesting und Fischa V. U. W. W.), welcher 1463 als »Schrainbaten« erscheint, kann, da die Zeichen *ai* und *a* gewöhnlich nur den hohen ‚a‘-Laut gemein haben können, in Scranawat 1120 bis »Schranawaten« 1341 wol nur hohes ‚a‘ in der ersten Silbe haben.

Zwischen beiden Schreibungen, der phonetischen mit *a* und der schwäbisch-traditionellen mit *e* für hohes ‚a‘, hat sich ein Compromiss entwickelt; nicht nur für den Umlaut des langen mhd. â (»lâse« »wêr« conjj. praet. Ö. W.[7], S. 491, 1415; »wêr« Ar. 25, S. 127 ff., 1469; »wêren« P., S. 336, c. 1420, »lêr« Ö. W.[7], S. 925,

74

1450), sondern auch für den des kurzen mhd. a werden Verbindungen der Zeichen *a* und *e* eingeführt, und zwar ä, ê, ae oder æ. Aus ä denke ich mir das Zeichen ä, aus ê das gleichbedeutende ü der Urkunden entstanden. So finden wir »têt«, »frêvel« Ö. W.⁷, S. 491, 1415; »Kêrnerstrasse« A., S. 320, 1445; »Kêrenden«, »schêden«, »geschêfft« P., S. 336, c. 1420; »baesse« für mhd. *wehse, wesse* (J.) gehört noch dem XIV. Jahrb. an.

Dem Zeichen ä haben wir für hohes ‚a‘ schon wiederholt begegnet; speciell für mhd. *ei* (§ 11) haben wir es aber im XV. Jahrb. nicht nachweisen können. Auch für das hohe Umlauts-a ist es in dieser Zeit seltener. Das ist Modesache. Ö. W.⁷, S. 407, c. 1450 finde ich »Täsdorf« neben »Tesdorf«; bei Tichtl (T., S. 50 u. 51, 1490) wechselt ebenfalls »städelmair« mit »stedelmair«; dass damit hohes ‚a‘ gemeint ist, beweist das *ä* der tonlosen Silben (= ‚ä‘) in »weisät«, »die drei weishät« (Ö. W.⁷, S. 928, 1450), in »aynädt« (T. 54, 1490) »phenbärt« (Ö. W.⁷, S. 19, XV. Jahrh.) und das *ä* für mhd. öu in »strätholz« (ebenda). Dial. ‚waîsäd‘ (Lindem.), ‚ôänäd‘ (ungebr.), ‚pfaî̄mädl‘ ‚strä‘.

Je spärlicher wir im XV. Jahrb. das *ä* antreffen, desto häufiger erscheint das complementäre *ê*. Wir wollen jetzt nur noch, da die Bedeutung des Zeichens *ä* schon oben festgesetzt wurde, an einer grösseren Anzahl von Beispielen ersehen, wie weit diesem *ä* auch in der heutigen Mundart noch hohe ‚a‘ entsprechen. Wir wählen zur Einsicht das Copey-Buch der Stadt Wien (C. W.) aus der Mitte des Jahrhunderts. Da stehen sich die Zeichen *ä* und *e* gegenüber. Ersterem entspricht dial. ‚a‘, letzterem das »geschlossene« e (‚eî‘) und das mittlere ‚e‘. »Kärnertor« (C. W., S. 3), »wär« »stäts« (S. 4), »täglich«, »dächern« (S. 5) lautet echt dialectisch ‚Khäńädôä‘ ‚wä̂‘ ‚städs‘ ‚tägli‘ (»schier tägli wanzenvoll« Lindemayr, ä = ‚a‘)‘ »dächän«. Da der Diphthong »äu« in der Mundart wie ‚au‘ ‚ai‘ lautet, als ersten Bestandtheil sonach hohes ‚a‘ hat, so wird auch »käwsch« (S. 5), »Käwsch«, »Käwffl«, »Gräwsler« (S. 11) neben »Häusern« (S. 5) geschrieben. Mit *ä* oder *a* finde ich hohes ‚a‘ nur selten bezeichnet (»Schäffer« S. 6, »Artickl« S. 30). Hingegen erscheint dialectisches ‚bseízn‘ ‚deísglaîchä‘ (vgl. auch ‚întädeîsn‘), ‚rêń‘ ‚va̅mäkt‘ ‚häawäri‘ ‚wöllt‘ ‚wöllä‘ als »besetzen« »desgleichen« (S. 3), »reden« (S. 4), »vermerkt« »herberg« (S. 3), »wellt« (S. 18), »welher« (S. 7), also durchaus mit *e* ohne Punkte. Ebenso entspricht dialectischem ‚séń‘ ‚kńêchd‘ ‚heáń‘ unpunktiertes »versehentlich« (S. 3), »knechtt« (S. 5), »Herren« (S. 3).

In folgenden Beispielen — um mit unserm ë = ‚a' fortzufahren — stimmt ferner der heutige Dialect ganz mit der Schreibung des Copey-Buches: »auskhëm« »wër« (S. 6), »swërlich« »Grëben« (S. 7) »wëgen« (S. 10), »wër« »tët« »tëten« »swërlich« »dëchern« (S. 12), »Mërhern« (S. 13), »stëter« »stëten« (S. 14), »rëdl« (S. 16), »Rënnt« (S. 17), »stütz« (S. 20), »iërlich« (S. 23), »lëdl« (S. 29). Dial. ‚auskhâm' ‚wâ" ‚schwâ'la' ‚grâü.' ‚wâü̥' ‚tûd' ‚tûdn' ‚Mârà' (Nom. Sing. und Plur.), ‚ſtûd' ‚râ'l' ‚ránt' ‚ſtûds' ‚jârli' (obsol. Pl. ‚di jâr') ‚lâ'l'. In »weingërten« (S. 39) kann das ë sowohl ‚a' als ‚â' sein: ‚waïgàdn' (ungebr.) und ‚waïchàdn'. Die Beispiele aus dem Copey-Buche liessen sich noch unverhältnismässig vermehren.

In einzelnen Fällen kann der heutige Dialect von schrift-deutschen Beimischungen oder Beeinflussungen an der Hand älterer Schreibungen bereinigt werden: ‚bschêidiñà' ‚pſtétiñà' haben wir schon oben auf ‚a' im Stamme corrigiert, und »beschëdigen« (C. W., S. 9) stimmt hiezu. Das heutige dial. ‚univèàsidét' enthält schrift-deutsches ‚e' wie die Plurale ‚fëfà' ‚khëftn' statt ‚fáfà' ‚kháftn'; die Schreibung »universität« (S. 7) mahnt zur Aussprache ‚univèàsitâd', was schon von vorneherein in einer mehr vom Latein als vom Französischen abhängigen Zeit wahrscheinlicher ist. In »ërczten« (S. 29) und »Erczney« (S. 15) hält der ältere Dialect das hohe fremde ‚a' noch ein, heute wird gewöhnlich ‚ôàẓt' swm. Pl. ‚ôàẓtn' und ‚ôàẓtnnaï' (–⌣–′-) gesprochen: ‚áẓtn' wäre noch als »Kraft-Dativ« denkbar. Ein »nëchtiklich« ist der heutigen Mundart ganz abhanden ge-kommen.

In »ëltisten« (S. 32) und »stët« (urbes, S. 32) bezweifle ich trotz ë, dass der zweite Umlaut hier noch nicht durchgedrungen und hohes ‚a' noch geblieben sein sollte (s. Vocal ‚eï'). In »wërr« (defensio, S. 16) und »lëre« (doctrina, S. 32) liegen sicher willkür-liche und irrtümliche ë vor.

Die Plurale der starken Masc. und Fem. des I. Themas sind zum zweiten Umlaut vorgedrungen (‚sëik' ‚gëiſt' ‚krëift[n' ‚ſtêid[n' etc.); in jüngerer Zeit bekundet aber der Dialect eine Neigung, die Analogie der Deminutiva (‚sákl' ‚ſtâdl' ‚náchtal' etc. mit nur erstem Umlaut) auch auf die Plurale zu übertragen: ‚bóllg' Pl. ‚bállk' (statt ‚bóllch'): ‚nôchd' Pl. ‚náchjt' neben älterem ‚nóicht' in ‚waînéichtn'. Auch ‚raúffàñk' (vom Sing. ‚raúffaûñ[g') muss ein solcher neuerer Plural sein und ehedem ‚raúffaiñ' gelautet haben. Hiezu stimmt die mehrmalige, also gesicherte Schreibung »Rauchfeng« (C.

W., S. 5 und zweimal S. 9). Dass auch die Subst. schwm., welche in die starke I-Declination übertreten (garte, Garten), facultativ mitunter den zweiten Umlaut hatten, beweist deutlich »gröben« (d. i. ‚grêiü‘, S. 4) neben sonstigem »grében« (‚grûü‘, s. oben), vielleicht auch »wegen« (currûs, S. 12) neben sonstigem »wëgen«. In »frevel« (S. 18) und conj. praet. »beschech« (S. 37) ist e für ë sicher eine Nachlässigkeit des Schreibers, ebenso in »des« (= dass, dial. heute ‚dâs‘, S. 12), wenn wir nicht annemen wollen, dass diese Conjunction vor der Enttonung zu ‚däs‘ (Rôanäd, I., S. 435, 2) gelautet habe: ‚dêis‘ und nicht ‚dôs‘. Indessen hört man gerade das letztere ‚dôs‘ für »dass« noch häufig bei der gemeinen Grazer Bevölkerung.

Minder consequent als im Wiener Copey-Buch wird ë für hohes ‚a‘ in den »Österreichischen Weistümern« verwendet. Ein Ort, dessen Name von 1171—1347 zwischen Azilinesdorf, Aetzlinstorf und »Etzleinsdorf« wechselt (Ver. f. Lk. 1889, S. 35 ff.), also in der ersten Silbe ein hohes ‚a‘ hat, wird c. 1450 »Ëtzleinstorff« geschrieben. Es soll das heutige »Atzgersdorf« sein. Aus der zweiten Hälfte des XV. Jahrh. haben wir (Ö. W.⁷, S. 18 f.) die Schreibungen »geschëtzt« »pëchel« »zuefël« »wër« »kchëmen«; um 1450 (S. 924) »lër wëgen«, also ê und ë, Vater und Sohn nebeneinander; über ë für ‚a‘ habe ich schon oben gehandelt. — Irrtümer kommen ebenfalls vor: »wër« (= quis, Ö. W.⁷, S. 386), dial. ‚weâ‘ quis, aber ‚wû‘ esset.

§ 41. Nach dem Wechsel in der Bezeichnung des hohen ‚a‘ zwischen e, ë, â, ê, ä, ae, æ einerseits und blanken a andererseits (als Umlaut des dumpfen a) von 1400—1890 müsste einer, der die heutige Mundart nicht kennt, ein pendelartiges, noch dazu ganz unregelmässiges »Schwanken des Umlautes« annemen. Er würde ausgelacht werden. Kannten aber unsere Germanisten die ältere Mundart so genau, dass sie ganz unbedenklich auf Grund der urkundlichen Schreibungen noch ein weiteres »Schwanken des Umlautes« von 1400 bis zurück auf 700 annemen wollten, ohne sich der Gefahr der Lächerlichkeit auszusetzen? Und doch würden sie hiezu gezwungen sein, wenn sie nicht fürs Bairisch-Österreichische ein hohes (Umlauts-) und ein dumpfes (Grundlauts-) a, trotz dem gemeinsamen Zeichen a, von einander ablösen und ersteres auch gelegentlich aus dem übertragenen fränkisch-schwäbischen Umlautszeichen e herauslesen wollten.

Aus dem XIV. Jahrh. lesen wir (Ver. f. Lk. 1888, S. 54 f.) als Namen des heutigen Ortes »Taffa« mit hohem a ein »Tavenhof« 1327. Da wäre also kein Umlaut gewesen. Im Jahre 1346 haben wir »tefen«. Da hat sich der Umlaut schon zum Einrücken besonnen. 1387 heisst hierauf zweimal »Tauen«. Da ist er also wieder gründlich desertiert. Erst 1480 stellt er sich mit »Tefen« neuerdings zur Fahne, ist aber weiterhin in »Tefen« schon wieder unschlüssig, — ein wahrer Kobold, dieser Umlaut, für alle jene Germanisten, welche vor Buchstaben die Sprache und vor Bäumen den Wald nicht sehen.

Wie wir also das heutige hohe ‚a‘ im Namen »Taffa« schon fürs XIV. Jahrh., trotz theilweiser Bezeichnung mit e, annemen müssen, so ist ein Gleiches auch nötig für den oberösterreichischen »Hackhelhof« oder »Heckelhof« (O. E. ⁴, S. 450, 1303). Nicht hieher gehört der Wechsel zwischen »kalbelsaum« und »kelberouwe« (1318, Ver. f. Lk. 1887, S. 64); denn wie die mundartlichen Formen ‚khallwl‘ und ‚khöllwa‘ darthun, hat der Plural den zweiten Umlaut erfahren, das Deminutivum nur den ersten. Und das XIV. Jahrh. hat sicher schon, wie wir sehen werden (Vocal ‚ei‘) den zweiten Umlaut gekannt: das e bezeichnet also diesmal einen anderen Laut als das a. Wol aber muss hier angeführt werden, dass bei der im XIV. Jahrh. nicht auffälligen Stabilität der Namenschreibungen ein Stamm consequent mit a, ein anderer mit historisch gleichwertigem Vocale consequent mit e geschrieben wird. So wird »Alpintou« (das heutige Eipeltau) consequent, zwei schon oben (§ 40) erwähnte Schreibungen mit E abgerechnet, von c. 1100—1512 stets mit A geschrieben (Ver. f. Lk. 1887, S. 119 ff.), während das heutige »Atzgersdorf« nur zw. 1171 und 1276 »Azilinesdorf«, [1]) dann 1277 und 1337 »Aetzlinstorf« und »Aetzleinsdorf«, sonst aber (1268, 1288 u. s. w. bis 1347) mit E (»Etzleinsdorf«) geschrieben wird, bis sich das E im Ë des XV. Jahrh. als hohes ‚a‘ entpuppte, vgl. § 40 (Ver. f. Lk. 1889, S. 35 ff.). — Sicher hohes ‚a‘ haben wir ferner in »Fratigenisdorf« 1305, »fratigeinsdorf« 1308, »Fratigesdorf« 1319 und noch zweimal ebenso in Kaltenbäck (Ver. f. Lk. XXIII, S. 435): denn dieser Ort hat noch heute hohes ‚a‘ (»Frattingsdorf« bei Mistelbach); andererseits verbietet eine frühere

---

[1]) Ver. f. Lk. XXIII, S. 421 denkt R. Müller bei »Atzgersdorf« an das alte »Acichinsdorf« (Salb. Klosterneub., XII. Jahrh.), welches nicht das Atzelsdorf im Tullnerfelde sein dürfte. Ezgeinsdorf 1259 wäre ebenfalls der Ort bei Wien, der nur durch Contamination (c. 1450) als »Etzleinsdorf« erscheine.

Schreibung »Vretgoinstorf« 1242, den Vocal der ersten Silbe dumpf
zu lesen. Der Name des Eponymus *Frati-gis*, Koseform *Fratiyo*
verräth selbst schon ein hohes ‚a‘, also den ersten Umlaut, durch
gelegentliche Schreibungen mit *e* und *ei*: *Freccho, Freigis* oder verbessert *Fretgis*. Der verwandte Name »Fratting« (in Mähren a. d.
nied.-österr. Grenze), der noch 1251 als »Wratingen« erschienen war,
wird 1303 mit »Wreting« geschrieben, also *e* für hohes ‚a‘. Ein
nied.-österr. Ort, den wir 1413 (A., S. 299) als »Grauensulz« an-
getroffen haben, schreibt sich 1308 (A., S. 117) mit *ae* »Graevinnen-
sulcz«, während 100 Jahre vorher (1210) der erste Wortbestandteil
in »Grauindorf« ohne specielles Umlautszeichen erschienen war, wenn
wir nicht schon das *i* der Nachsilbe als solches auffassen wollen.
Aber für 1210 steht der erste Umlaut des *a* bereits fest: ist aber
hier nicht geschrieben worden, weil er als hohes ‚a‘ lautet; das *ae* 1308
ist, weil 1413 unbestreitbar schon wieder — und bis heute noch
immer — hohes ‚a‘ gesprochen wird, eben auch nicht anders aufzufassen.

Einen weitern Beweis für das hohe ‚a‘ des Umlautes in der
ersten Hälfte des XIV. Jahrh. habe ich schon oben § 12 vorweg-
genommen. Ich erinnere hier nur an die dort erwähnten Schreibungen
»gæb«: »urlæb« und »gæstlicher«. Einen ähnlichen habe ich (aus
O. E., S. 109, XIV. Jahrh.) hinzuzufügen: »aindleuft« für dial. ‚hi·läft‘
‚ǒa·läft‘. Weil nämlich der »unbestimmte« Vocal in unserer Mundart
schon an sich dem hohen ‚a‘ sehr ähnlich ist, diese Ähnlichkeit
vor scharfen (harten) Consonanten aber geradezu zur Gleichwertigkeit
mit hohem scharfgeschnittenen ‚â‘ wird; andererseits aber auch die
mhd. Diphthongen *ou* und *öu* vor Labialen dialectisch zu ‚a‘ werden
(auch vor ‚t‘ zu ‚â‘), so ist die Schreibung »aindleuft« bezüglich des
eu erklärt. — Ferner ist das Stift-Altenburgische »verceft« 1305
(Wh. § 45), da *ou* vor f wie hohes ‚a‘ klingt, ein Beweis für den
gleichen Lautwert des Zeichens *e* als Umlaut von *a*.

Auch die Verwechslung mit mhd. *ei* unter einem Lautzeichen
verräth, dass der Umlaut von *a* hohes ‚a‘ ist: denn für mhd. *ei*
haben wir diesen dialectischen Lautwert bereits nachgewiesen. So
gut wir also das »tüding« »tüdingen« 1348 (K.², S. 89) für hohes
‚a‘ auffassen, ebenso müssen wir dies auch bei »wär« »tät«
»Märkchten« derselben Urkunde thun. Und wenn Weinh. b. Gr. § 66,
S. 74 aus 1315 ein »mæintages« und ein »næichsten« erbringt, so
werden wir diese *ei* nicht als wirkliche *ei* auffassen, sondern als

vermeintliche »Recht«-Schreibungen für das dialectisch geläufige
hohe ‚a‘, das wir in ‚nákſtn‘ bis heute allgemein, in ‚mã͞dä‘ (heute
fast überall ‚maû͞dä‘) nur noch um Litschau und Hosternschlag an
der böhmisch-niederösterreichischen Grenze erhalten finden. In
gleichem Sinne werden wir *ai* für hohes ‚a‘ noch öfter begegnen
(vgl. Wh. § 66, S. 72 Haihsenacker, Gnainl etc.).

Das Kloster »Garsten« bei Steyr in Oberösterreich ist mit
hohem ‚a‘ zu sprechen, welches in U. St. [1] und U. St. [2] consequent
mit *a*, in Meillers »Regesten« aber (z. B. S. 49, 1171, »gersten«,
S. 103, 1209 »Gaersten«) mit *e* und *ae* gegeben wird. Dass auch
dieses *e* schon im XIV. Jahrh. nur wie ‚a‘ zu lesen sei, bezeugt
die zweimalige Schreibung »Gesten« (O. E., S. 194, 1317) mit Auslassung des *r*. Diese Auslassung ist nämlich auffällig, denn das *r* bewirkt — wenn es auch nach Vocalen nicht consonantisch rollend
klingt in der Mundart — gewisse Veränderungen der Nachbar-
laute, wodurch sein Dasein bekundet wird: vorausgehender Vocal
erhält einen unbestimmten Nachschlag (»mier« statt mir u. drgl.
schon sehr frühe) und nachfolgendes *s* wird zu *sch* getrübt. Die
Trübung des *s* könnte ein ungeschickter Schreiber in »Gesten« auch
der Verbindung »st« aufs Kerbholz gegeben haben; aber der
vocalische Nachschlag kann nur dann unterblieben und das *r* somit
ganz unbemerkt geblieben sein, wenn das *e* wie hohes ‚a‘ gesprochen wurde (Rônád I., S. 55 ‚hap-'n‘).

Schliesslich sei noch erwähnt, dass dasselbe Zeichen ê, welches
für den Umlaut von *a* oder für slavisches *a* gilt (z. B. »Grênsnẏkcher«
1397, A., S. 282), auch für das dem hohen ‚a‘ ganz ähnliche ‚ä‘
der Nachsilben verwendet wird: »Paumgartnêr« 1397, ebenda.

Wir erbringen, nachdem wir unser heutiges hohes Umlauts-*a*
auch fürs XIV. Jahrhundert nachgewiesen haben, nur stichproben-
weise noch ein paar Schreibungen: Obiges ê in »Kêrnden« 1399,
P., S. 290 u. öfter; doch wird ê und ë in meinem Belegsmateriale
erst im XV. Jahrhundert häufiger (z. B. Ö. W. [7], S. 788, c. 1400).
Einfaches *e*: »Hennsel« 1398 (H., S. 401), der guetet tailhefftig
(also für mhd. *æ* und *e*, 1307, Z., S. 187); »mentag« (1308 Weinh.
§ 47, S. 48), heute selten mehr ‚mã·dä‘ sondern meist ‚maûrdä‘; »sneczel«
1281 (Kl., S. 27), enthält den Umlaut von dial. ‚schnôz͜ln‘ = nach
Schweineart beim Essen und Saugen ein eigenartiges Schnalzen
hören lassen, auch = etwas beim Naschen mit Speichel begeifern;
‚ô-schnôz͜ln‘ = küssen (derb). Derselbe Name erscheint 1344 (Kl.,

S. 300) als »Snaeczlein« (Zeibig deutet den Namen als »Schnäuz-
lein«). Ein *ae* finden wir im Dativ (de) »Taene« (von Nom. Tan
mit dumpfem a; U. St. ¹, S. 628, in einer Tradition, deren Gegen-
stand ins Jahr 1185 fällt, die aber der grammatische Vergleich mit
»de Alpiltew« 1307, Ver. f. Lk. 1887, S. 120, wegen des unor-
ganischen Umlauts im Dativ wol in eine spätere Zeit verweist);
der dunkle Name »Maestolfus« vor 1377 (N. P., S. 569); »maenad«
1377 = mhd. *mânôt* (Weinh. § 42, S. 54; Lexers mhd. *mênôt* ist
wol auch nur mit *e* = hohem ‚a' zu lesen!); »baeſſe«, mhd. wehse,
dial. ‚wûkſ‘ XIV. Jahrhundert (J.); *ä* finden wir in »äkhern« 1322—40
(K. ², S. 4 neben paungerten, wo aber wegen *n* statt *m* das ‚ä‘ des
heutigen ‚bâch ād‘ zu lesen ist); »frawntäg« ebenda u. s. f. In
»Aersgraben« 1349 (Ver. f. Lk. 1886, S. 149) dürfte kaum *ae* als
»unechter Umlaut« aufgefasst und mit ‚a‘ gelesen werden: vielmehr
wird *a* dumpf und das *e* als Nachschlag wegen des folgenden *r* auszusprechen sein (‚ñaschgrôü‘). — In »Wilhalmus« 1386 (N. P.,
S. 574) das *a* als hoch oder dumpf zu unterscheiden, dazu fehlen
mir gegenwärtig die notwendigen Anhaltspunkte. Vorhanden ist
das Zeichen a in -halm schon seit dem X. Jahrhundert. (Weinh.,
b. Gr. § 4, S. 15.)

In § 33 habe ich ein falsches hohes ‚a‘ als Umlaut von
offenem *o* (mhd. *ô*, seltener *o*) erwähnt. Wenn nun auf Grund
gleichen Lautwertes (‚a‘) mit solchem Umlaut von echtem *o* auch
ein oder der andere Umlaut von *a* in der Schrift zu *œ* verbessert
wurde, so darf uns dies nicht wundern. Das sind dann im XIV. Jahrhundert ebensolche Fehler der Schriftsteller, wie wir sie in jüngerer
Zeit schon in § 38 charakterisieren mussten. Immerhin wird aber
durch solche Fehler das gleichzeitige Vorhandensein derartiger
»falscher« ‚a‘ wahrscheinlich. Solche *œ* finden wir in Steiermark,
wo Herberstein noch im XVI. Jahrhundert hohes ‚a‘ in »Mentag«
spricht, in der Schreibung »mœnschein« 1316; »mœntag« 1345
(Wh., b. Gr. § 58, S. 68); »œzesberg« zwischen 1331—1364 (Ver.
f. Lk., 1889, S. 38), wo sonst in erster Silbe *a*, *œ* und *e* geschrieben
und hohes ‚a‘ gesprochen wurde. Ein »rœmla« für »Ramla« »Remla«
findet sich schon viel früher (c. 1140, OE¹). — Ein »Heinrich der
Floetzer« oder »Floczer« (so! mit *o* neben »Plodlein« = *Blœdelin*)
erscheint 1403 und 1398 (A., S. 290 und 284): 1384 aber wird er
wol richtiger »Flázzer« geschrieben, nach dem Orte »Flœze« d. i.
‚Fláz‘ bei Neunkirchen (N. Ö.) oder anderswo.

Wir haben bisher keinen Unterschied zwischen dem Umlaut des mhd. *â* und dem des mhd. *a* kennen gelernt: beides ist hohes „a‘, dessen Länge oder Kürze lediglich von der consonantischen Nachbarschaft abhängt. Reime wie *jeger : trueger* oder *gesleht : verdaeht* beim Suchenwirt beruhen also nicht bloss »auf Dehnung« (Weinh. § 43, S. 55). Wol aber beruhen viele Reime (z. B. *Kernden : pêrnden* Suchw., Wh. § 22; oder *nëmen : schemen* Ortn., Wh. § 12) auf einer Ungenauigkeit bei den Dichtern, welche bald mehr ihren Dialect, bald mehr die höfische Sprache, und zwar oft nur einseitig zu Hilfe nahmen, um nur zwei reimende Silben zu erzwingen. Oben § 12 haben wir den Teichner bei dergleichen ertappt. — Die Schreibungen »sprêchen« »slêchter«[1]) »wêrre« bei Weinh. (§ 10, S. 23) sind bedenklicher für so späte Zeiten, besonders da »wêrre« uns auch im Copey-Buch der Stadt Wien oben begegnet ist. Inwieweit daran vielleicht fremddialektische Schreiber oder andere Factoren schuld sind, kann ich heute noch nicht entscheiden.

§ 42. Wir sind beim XIII. Jahrhundert angelangt. Da wollen wir zuerst Ak. W. XCVIII, S. 917 citieren, wo Schönbach auffallende Fälle des »falschen Umlautes«[2]) nachweist: für mhd. â zwei æ (z. B. *nœmen = nâmen*, nomine), zwei ê und, zum Beweis, dass unter æ nicht etwa etwas anders (Doppellaut, Dehnung u. dgl.) als der Umlaut zu denken sei, auch ein *e*. In der ersten Hälfte des XIII. Jahrhunderts begegnet Ak. W., S. 189 *æ* für *â* viermal, für *a* einmal. Es ist daher überflüssig, mit R. Müller (Ver. f. Lk. XXIII, S. 378) wegen der Ortsnamen mit *Rettin*- oder *Retin*- einen hypothetischen Nominativ **Retto* anzusetzen; der vorhandene *Rato* reicht vollkommen aus. Denn das *e* z. B. in *Retinberch* ist kein anderer Laut als das *a* in *Tatindorf* (S. 379); heute heisst es gleichmässig „Radnbêch‘ (vgl. § 27) ‚Taňdúav‘, wo hohes ‚a‘ der (»falsche«) erste Umlaut vom dumpfen *a* ist. Weinhold handelt über den falschen Umlaut b. Gr. § 12, S. 25.

Viele der dort aufgezählten Fälle sind bis heute geblieben als hohe ‚a‘, so ‚wâzn‘, ‚jâmân‘, ‚khâpf‘, ‚hâpfm‘; um Gresten V. O. W. W. sagt man ‚râňvich‘ (Rabenvieh = ahd. **rabinvih*), berichtet Schlinkert;

---

[1]) Offenes *e* für *ë* noch heute in Salzburg und Baiern.

[2]) Vgl. Braune, Alth. Gram. § 221, a 2. (*henin, scedin, foraseyin, nemin*). Auffällig, dass diese *e* bairisch nur selten geschrieben werden: *nemin* Otl. M. In Namen, wie ‚Arnpëïk‘ (Arinpacchi), ‚Tůchästou‘ ist dieser älteste Umlaut als hohes ‚a‘ noch bis heute erhalten, könnte also phonetisch nicht mit *e* gegeben worden.

auch ‚grampm' = ›Krampen‹ mit Übername des schw. Dativs in die
Nominativgeltung.

Dass in den Urkunden des XIII. Jahrh. Anhaltspunkte für
den heutigen Gebrauch, den Umlaut beider *a* nicht von einander zu
unterscheiden, sondern mit hohem ‚a' gemeinsam zu fixieren, vorliegen,
ist nicht zu bestreiten.[1]) So bringt Schönbach (Ak. d. Wiss. XCIV,
S. 188) aus der ersten Hälfte des XIII. Jahrh. ein *ae* für *e*; S. 189
aus der zweiten Hälfte drei *ae* für *e*; in einem kärntnerischen
Denkmal (Ak. d. Wiss. XCVIII, S. 917, XIII. Jahrh.) 16 *æ* für *e*;
umgekehrt in denselben drei Denkmälern: 16 *e* für *æ*, 9 e für *æ*
und 24 *e* nebst 3 *ê* für *æ*. Solche Verwechslungen sind umso auf-
fälliger, als im XIII. Jahrh. ja auch schon der zweite Umlaut des
(mhd.) *a* (*ei* oder geschlossenes *e*) zur Geltung gekommen sein musste,
in dem einen Zeichen *e* also zwei Lautwerte vermengt waren, die zur
Differenzierung drängten. Diese scheint nun auch thatsächlich in
der Weise angesetzt zu haben, dass man hauptsächlich *æ* für den
ersten, e für den zweiten Umlaut verwendete, ohne jedoch zu einer
wirklichen Consequenz zu gelangen. In O. E.[4], S. 38, 64 und 115
wird z. B. 1285 ›Pesching‹, 1287 ebenso, 1289 ›Pæsching‹ geschrieben; und der Ort ›Prösching‹, der heute also den zweiten
Umlaut hat, wechselt noch 1229—1240 (U. St.[2], S. 616) zwischen
›Presingen‹ und ›Præsinge‹.

Wir haben also fürs XIII. Jahrh. noch zu zeigen, dass dieser
(erste) Umlaut des *a*, der für mhd. *æ* und *e* dialectisch gleichlautet,
sowie in den späteren Jahrhunderten hohes *a* war. Das slavische *a*
ist sicher ein hohes. Der Name ›Gradec‹ wurde in deutschem
Munde zu ›Graz‹, weil in den slav. Casibus obliquis das *e* der
zweiten Silben ausgestossen wird und bei Volksentlehnungen der
Ortsnamen meist die obliquen Casus massgebend sind. Das Wort ist
also in seinem slavischen Lautwerte ganz ungeschmälert geblieben,
nur die Endungen wurden abgewiesen. Im Jahre 1202 (U. St.[2], 97 f.)
erscheint nun in einer lateinischen Urkunde ›de Graz‹, ›in Graz‹,
und die nebenstehende Verdeutschung aus 1371 hat ›von Grecz‹,
›ze Grecz‹. Offenbar sind da *a* und *e* phonetisch gleichbedeutend:
nur behielt man im Lateinischen, das ja ein tiefes *a* nicht kennt,
das Zeichen *a* für ‚a' bei, während man fürs Deutsche wegen des
Gegensatzes zum tiefen *a* fürs hohe das schwäbische Umlautzeichen

---

[1]) Vgl. Bahder, Grundlagen des nhd. Lautsyst. Strassburg 1890, S. 105;
Paul, mhd. Gramm., § 40.

e wählte. Wir werden diesem Verhältnisse wiederholt begegnen.[1] Der
Ort »Gradwein«, der bis heute mit hohem ‚a‘ gesprochen wird, erscheint 1211 (U. St.², S. 175 ff.) in einer Reuner Urkunde fünfmal
als »Graedewin« und einmal als »Gradewin«, letzteres zum Beweise,
dass das hohe *a*, falls der Name etwa doch slavisches *Grad* enthielte,
trotz der schwäbischen Umlautsschreibung *ae* auch im Deutschen sich
behauptet hat. Ebenso wechselt der Name Windischgrätz (‚Windiſch)-
gráz‘) zwischen 1185—1243 (U. St.², S. 732) zwischen »Graze«
»Windissgraze« »Graez« »Windisgraez« »Gretzz«(?) »Grez« »Greçe«.
Sehr lehrreich sind die Schreibungen des ins Deutsche übergegangenen
slavischen *Kamenic* (etwa = Steinach). Das unaspirierte *K* erscheint
als *G*: »Gameniz« 1215 (U. St.², S. 206, cop. XVII.—XVIII. Jahrb.);
das *e* fiel aus: »ad Gamnize fluviolum« 1211 (S. 170). »Gemniz«
1196 (S. 41); auch das *i* fiel sammt dem *n*, welches ja nur durch
einen nachfolgenden Vocal hörbar sein konnte, aus: »Gamze«
1195 (S. 29, orig.), »Gamze« 1207 (S. 131, Orig.), »Gamz« und
»Gaemz« 1225 (S. 324), »Gemz« 1210 (S. 169); schliesslich wurde
aus dem *m* eine blosse Nasalresonanz: »Geinze« 1230 (S. 366, Orig.).[2]
Da das letzte -*e* die deutsche Endung ist, der stete Wechsel zwischen
a und *e*, ja selbst *ei* (= hohem ‚a‘, § 13) aber das erhaltene hohe
slavische ‚a‘ bezeugt, so haben wir in »Geinze« vollständig die
heutige Aussprache ‚Gā͂z‘ (Berg bei Neunkirchen), so dass 660 Jahre
hindurch an der dialectischen Aussprache dieses Wortes nicht das
Geringste geändert worden ist. Und da hält man noch den Dialect
der Bauern gegenüber der Schriftsprache für etwas Wechselvolles,
Unzuverlässiges. Die heutige Orthographie aller mit obigen Schreibungen belegten Terrainobjecte ist »Gams«. Dazu kommt noch ein
»Gameinstain« 1195 (S. 30, orig.), das heutige Gamsstein bei Alten-
markt in Obersteier. Fügen wir zu den Lehnwörtern mit bestimmt
hohem ‚a‘ noch das lat. *pax, pacis* hinzu: »mit dem *páce* . . . des
péces« XIII. Jahrh. (Ak. d. Wiss. XCVIII, S. 957).

Nachdem wir an sicher hohem, weil fremdem ‚a‘ den Wechsel
der Zeichen *a* mit *æ* und *e* gesehen haben, können wir um so be-

[1] Indessen bleibt nicht ausgeschlossen, dass gebildete Schreiber, auch
Rabbiner dieses (offene) *e* auch in Steiermark wirklich als »correcte« aussprachen.

[2] So lange *m* und *n* im Munde einen Verschluss articulieren, ist eine
Verwechslung beider an betonter Stelle nicht möglich. Erst wenn der Verschluss
aufhört, also nur die gemeinsame Naseuresonanz bleibt, werden beide Laute gleichmässig für nachlässige *n* gehalten; daher schon früher »pongart« »haingarten«
wegen dial. ‚bā chäd‘, und Schm. ‚Haa͂gert‘.

stimmter aus diesem Wechsel auch bei Wörtern, deren fremder Ursprung nicht nachzuweisen ist, auf ein hohes ‚a' schliessen. Der steirische Ort »Katsch« östlich von Murau hat heute hohes ‚a'; 1195 (U. St.², S. 28, Orig.) »ad Chats«; 1207 (S. 130, Orig.) »ad Chatsi ¹); 1217 (S. 222, Orig.) »de Chae(t)s«; 1230 (S. 368, Orig.) »de Chae-tsche«; 1232 (S. 390. Cop.) »de Chets« und (S. 398, Orig.) »de Kasse«; 1240 (S. 493, Orig.) »de Kezs« und ebenso (S. 495, Orig.) »de Kezs«; 1245 (S. 556) »de Chaetse« und (S. 578, Orig.) »Chez«. Mit dem *ae* 1217 und 1230 kann also kein wirklicher *e*-Laut gemeint sein, wenn 1232 wieder »Kasse« geschrieben wird; und das *a* 1232 kann kein dumpfes *a* sein, wenn vorher wie nachher *ae* oder *e* dafür geschrieben wird. So bleibt also nur ein hohes ‚a' für die Aussprache übrig. — In einer steirischen Originalurkunde von 1230 (U. St.², S. 368) erscheint der lat. Genitiv »Lentfridi« neben ander-weitigem gleichzeitigem *Lantfrit*, wo also unechter Umlaut durch das *i* der zweiten Silbe anzunehmen ist, wie in »Göpfritz« (N.-Ö.) für *Gotfrid's*. — Der steirische Ort Ratenberg bei Judenburg wechselt zwischen 1208—1230 (U. St.², S. 698) zwischen »Ratenberch« und »Raetenberc« »Raetenberch« »Reddenberc« »Raetenperch«; der Ort Radmannsdorf ²) bei Waitz zwischen 1220—1240 (U. St.², Index) zwischen »Retensdorf« und »Ratensdorf«. Angefügt sei hier auch aus dem Ende des XII. Jahrh. (1195, U. St.², S. 698) »Raetenberch« und »Ratenberch« für Ratenberg bei Althofen in Kärnten. — Der Ort Untermanning ob Ennsthal wird in Copien des XIII. Jahrh. (U. St.¹, SS. 106, 613, 614, 661, 663) durchaus mit *a* »Sunder-manningen« geschrieben; dazwischen erscheint S. 627 ein »Sunder-

¹) Das -*i* kehrt um diese Zeit im Dativ öfter wieder Dass dadurch erst das hohe *a* des Stammes bedingt wäre, glaube ich nicht. Dass man aber nach hohem ‚a' gerne in den Nachsilben ein *i* schrieb, selbst wo dessen Aussprache bezweifelt werden muss, erhellt aus der niederösterr. Schreibung »Grauindorf« (A., S. 6, 1210?), aus einer Zeit, wo das *i* schon längst den (ersten) Umlaut bewirkt hatte und vor n wahrscheinlich schon verstummt war. Kommt doch für Grafen-dorf bei Frisach in Kärnten innerhalb 28 Jahren (1212—1240, U. St.², S. 661) eine dreifache Schreibung vor: »Granindorf«, wo dem hohen ‚a' zuliebe das *i* noch gesetzt wird, »Grauendorf«, wo schon *e* steht, das hohe ‚a' also ohne äusseres Zeichen von selbst gelesen werden muss, und »Grevendorf«, wo diesem Mangel durch die fränkisch-schwäbische Schreibung *e* abgeholfen ist.

²) Das -*mann*- ist in diesem Namen durch falsche Reconstruction der Aus-lante hineingekommen, wie in meiner Heimat bei Neunkirchen in »Hettmanns-dorf« »Mutmannsdorf« für dial. *hignsdōr míminsdōr*, urkundl. »Hatinesdorf« »Hectensdorf« und »Muotinsdorf«.

mæninge«, und S. 509 sogar »Sundermeringen« [1]). — Der Ort
Taxenbach im Pinzgau wechselt 1215 und 1216 (U. St.[2], S. 633)
mit »Tessinbach« und »Tasembach«, und neben »Aerce« 1230 er-
scheint zwischen 1216—1242 (U. St.[2], S. 602 f.) »Arce« »Arze«
»Arze« »Erzperge« und »Aerzeperch«. — Und dem guten Steirer
‚Khrägl‘, der 1231 (S. 385, Orig.; S. 387, Orig.) als »Cragil«[2]) und
»Chraegel«, und 1232 (S. 391) als »Chregel« unterzeichnet, wird
doch hoffentlich nicht, gewissen Germanisten zu Gefallen, vor lauter
»Schwanken des Umlautes« nachträglich noch verboten werden, zu
wissen, wie er in seinem Heimatsdialecte eigentlich geheissen hat!
Wenn von zwei niederösterreichischen Katzelsdorf, das eine
(bei Wr.-Neustadt) im XIII. Jahrh. als »Chezlinsdorf« und anfangs
des XIV. Jahrh. »Chezleinsdorf«, das andere (bei Tulln) in denselben
Zeitläuften aber als »Chazlinsdorf« und »Cháczleinstorf« erscheint
(Ver. f. Lk. 1889, S. 45 f.), dann kann man an dem hohen ‚a‘ der
ersten Silbe nicht zweifeln. Von diesem Namen haben wir noch im
nächsten Paragraph zu reden. — Niederösterreichisches »Wazin-«
»Wazen-« und »Wezendorf« wechselt um 1264, ebenso »Wazin-«
und »Wezinkirchen« bei Efferding, und Orte mit »Tazin-« oder
»Tezin-« (Ver. f. Lk. XXIII, S. 372 ff.). Von bairischen Orten er-
wähne ich nur Parlanten (B. G.[1], S. 427 »Parliten« und S. 428
»Perleiten«, XIII. Jahrh.) und Hexenacker (B. G.[1], S. 144, zwischen
1217—1220 »Hesinacher«, sonst »Hahsinacker«.

Wurde der Umlaut von *a* wie hohes ‚a‘ gesprochen, so konnten
Verwechslungen mit dem »herrisch« ebenso gesprochenen mhd. *ei* auf
bairisch-österreichischem Boden nicht ausbleiben. Ich verweise hier
wieder auf das, was ich oben § 13 über »Chaserow« »Raykental«

---

[1]) Das anlautende *S* wurde für *z* aufgefasst und ausgelassen: *Z'* Unter-
manning, Untermanning. So wechseln »Zawerz« und »Sawersche«, „Zedilsnch« und
»Solzthal« (U. St.[2], S. 734), »Colsnch« und »Sedelsnhe«, »Zollfeld« und »Salnelt«
(U. St.[1], S. 936 f.); und so wurde auch aus »Zethmizel« ein »Etmissl« (U. St.[2],
S 640), aus »Zelernice« ein »Oternitz«, während umgekehrt »Ze—Ittes« in »Zeittes«
(Utsch), »ze Werchendorf« in »Zwettendorf« zusammengezogen wird (U. St.[1], S. 936 ff.).
Das »Uiehan« für »Janchen« (U. St.[2], S. 671) erklärt mir Herr J. Herenitz in Egg
aus dem Locativ »v Jhän«. Das slovenische »Zagrab« wurde von den Deutschen im
Dativ Pluralis fixiert: »Zagraben« »Zagräm«; dann wurde das Z als vermeintliche
Praeposition abgetrennt: »Agram«.

[2]) Zu »Sundermer,« bildet »Simmeringen« aus *Sintmanningun* keine vollständig klappende Analogie, da das -*er*- in Simmering viel schwächer betont ist als
in Sundermeringen, also dort ein *ü*, hier ein *ü* für *e* anzunehmen ist.

[2]) Vgl. oben S. 84 die Anmerkung über Grauindorf.

»Schádwin« und »Schadewinne« »razeinestorf« geschrieben habe.
Im Namen des Ortes Glatzau bei Kirchbach, südöstlich von Graz,
wird, wenn derselbe slavisch ist (vgl. čech. Kladno, Kladsko u. dgl.)
die Schreibung »Gleiscowe« c. 1240 (U. St.², S. 507, Orig.) auf einer
solchen Verwechslung beruhen. Doch vgl. § 2. — Das schon oben
erwähnte slav. *Kamenic*, heute »Gams« erscheint 1230 mit »Geinze«
geschrieben (S. 366, Orig.). Der Name des Grafen von Plain (s.
die Anm. § 20), lat. *de Plagio*, hat, wie wir wissen, hohes Um-
lauts-*a* im Stamme: dieses wird aber auch nach dem Verschwinden des -*i* der Endung, mit *ei* geschrieben: U. St.², S. 137, 1208
»de Bleigen«; S. 258, 1220 ebenso; S. 209, c. 1215 »de Pleigen«
neben S. 236, 1218 »de Plage« und S. 205, 1215 »de Plegen«;
S. 88, 1202 »de Plaien«; S. 530, 1243 »de Pleien«; S. 187, 1213
»de Plein«; S. 259, 1220 »de Plain«; S. 179, 1211 »de Plein«. Auch
in B. G.[1] haben wir neben dem richtigen »de Plagen« (S. 351 und
353), »de Plaegen« (S. 358) noch die Schreibungen »de Pleigen«
(S. 363), »de Plaigen« (S. 347 und 354) und »de Plein« (S. 346
und 354). Umgekehrt wurde für echtes mhd. *ei* ein *æ* geschrieben
in »Ænwicus« 1242 (Weinh. b. Gr. § 44, S. 55; in »Træschirchen«
1211 liegt aber wol kein *ei* zu Grunde).

Sehr lehrreich sind die Schreibungen von Hassbach bei Neunkirchen, dial. ‚hâsbô‘ mit hohem ‚a‘ in der ersten Silbe. Ob Zahn
mit Recht die beiden Schreibungen »ad Has« in Originalurkunden
des Jahres 1147 und 1159 (U. St.², S. 275 und 382) hieher zieht,
bezweifle ich trotz der Erwähnungen von Mutmannsdorf, Stollhof,
Fischa und Gumpoldskirchen. Der Ort hiesse eigentlich mhd. *hebches-
bach*, Habichtsbach: das erste *e* bezeichnet ein hohes ‚a‘ des Dialects,
b nach Vocalen gilt als ‚w‘, das zweite *e* der Genitivendung ist im
Dialect stumm, *a* ist dumpf = ô, also die dialectische Lautung
typisch: ‚hâwchsbô‘. Man sieht auf den ersten Blick, dass *w*, *ch* und *s*
nicht so nebeneinander stehen bleiben können. Nachdem der Weg
zur Verhärtung des *w* oder *ch* zu *p* (*b*) oder *k* (*g*) durch die
heutige Aussprache ausgeschlossen ist (kein ‚bápſbô‘ oder ‚hák'bô‘,
sondern ‚hâsbô‘), so bleibt nur der Weg der Verflüchtigung des
w und *ch* übrig. Wir hätten gerne gesagt: *w* wurde zu *u* und mit
hohem *a* zu *au*, wenn damit etwas gewonnen wäre: denn das
damalige *au* war wieder nichts anderes, als ein ‚âw‘, indem die
Stimmbänderenge und der Exspirationsdruck vom ersten Vocal des
Diphthongs zum zweiten derart abnam (»Bellen«), zugleich nach

Eigenart der heutigen gemeinen Steirer das *u* mit breitem, fast lachendem, aber keineswegs rund vorgewölbten Munde so eingestellt wurde, dass daraus bei Annäherung der breitgespannten Lippen ein *w* entstand. Wir müssen dieses *w* annemen, um zu begreifen, warum vor Labialen und *ch* aus *au* ein blosses *a* wurde (s. unten III): weil das *w* schon der halbe Vorgang eines *b, p, f* oder *m* ist und dadurch bei Hervorbringung letzterer Laute nicht mehr eigens appercipiert wird, so »fällt es aus« (,sâwma' zu ,sâma'; ,lâwfa' zu .lâfa'); und weil die Reibung des *w* vor der auffälligeren eines folgenden *ch* minder beachtet wird, zudem zwei Reibungsstellen für einen und denselben schwachen Exspirationsstrom zu viel sind, so muss *w* schliesslich weichen (,râwchn' zu ,râchn'; ,âwch' zu ,âch' und heute zu ,â'). — Aber »Hauchspach« (U. St.², S. 222, Orig., 1217) bedeutet noch immer nichts anderes als das schwere, langsame ,hâwchsbôch'. Zunächst muss nun, den Schreibungen nach, das mittlere *ch* verschwunden sein (»Habspach« S. 513, 1241, Abschr. d. XIV. Jahrh.; »Hauspach« S. 518, 1242. Abschr. d. XIV. Jahrh.; »Hawspach« S. 519, 1242, Abschr. d. XIX. Jahrh.; »Habspach« S. 537, 1243, Orig.; alle diese Formen sind wegen *ab* = ,aw' und *au* = ,aw' zu lesen als ,hâᵂspôch'); das *w* kann aber nur im früheren *ch* die Ursache seines Verschwindens gehabt haben, muss diesem also sehr bald nachgefolgt, wenn nicht im Munde einzelner Familien gleichzeitig mit ihm vernachlässigt worden sein. Denn vor blossem *s* würde ja *aw, au* geblieben sein. — Wenn dann ein Schriftkundiger 1246 (S. 582; vidiert 1260) die vermeintlich mhd. Schreibung »Hovspach« ansetzt, wie schon 1229 »Höchspach« (S. 361, Orig.) erscheint, so ist das nur ein Beweis, dass man schon damals Grund hatte, hohes ,a' vor *ch* in traditionelles *ou* zu reconstruieren Nur hat man hier fehlgegriffen und einem Umlauts-,a' Gewalt angethan: wir aber wissen dadurch, dass dieses hohe ,a' vorhanden war, und somit jenes »Hovspach« unsere heutige Aussprache ,hâsbô[ch' ist. — Hieher kann auch »Roïchenrûthe« 1208 für »Racensruta« und »Röchelinesdorf« für mhd. Reckelinesdorf (Rasdorf) gehören. (Ver. f. Lk. XXIII, S. 406, Anm.).

Haben wir jetzt unser hohes ,a' für's XIII. Jahrh. erwiesen, so wollen wir noch einige Belege in verschiedenen Schreibungen vorführen. Blankes *a* haben wir in »Wassenberch« »Wassinberch« (nebst »Waessinberch«) 1207—1213 für das heutige Wachsenberg (U. St.², S. 727); *ae* noch in »Raedentin« 1234, heute Ranten (S. 414);

e erscheint in »Wechsenek‹ 1245, heute Wachseneck (U. St.², S. 727); in »Ezgeinsdorf‹ 1259, das heutige Atzgersdorf bei Wien (Ver. f. Lk. XXIII, S. 421); in »Geswentte‹ 1277 (l. c. 1884, S. 104), daher der Name Gschwandner; »Wehoiwe‹ 1239, heute Fachau (U. St.², S. 490; Abschr. XIX. Jahrh.); wenn mir einer nach Meiller, Reg. S. 182 und U. St.², S. 692 ein heutiges »Natschthal‹ fände, würde ich auch in »Neczistal‹ »Netztal‹ hohes ,a' behaupten.[1]) Der Name Enns erscheint zwischen 1195—1246 (U. St.², S. 643) als »Ense‹ und wechselt mit »Anesis‹ »Anesus‹ »Anasus‹; trotzdem wage ich nicht, fürs XIII. Jahrh. hohes ,a' anzunemen, weil der Name in der heutigen Mundart den zweiten Umlaut erhalten hat. Für St. Marein bei Straden (U. St.², S. 686) neme ich, trotz der heutigen Aussprache ,Mŏarai' mit ,ŏä', für die Zeit 1195—1242 wegen der Schreibungen »Meeri‹ »Merin‹ »Merein‹ in der ersten Silbe hohes ,a' an. In vortonigen Silben war nämlich ,a' zu ,ä' geworden, und dieses wurde schliesslich willkürlich in ,ŏä' reconstruiert. Vgl. Rŏänäd I, S. 445, § 29 — Für das Ende des XIII. Jahrh. seien noch »ierchleich‹ und »stèt‹ (A., S. 81, 1295) erwähnt.

Für die Deutung einiger Schreibungen fehlen mir noch zuverlässige Anhaltspunkte. Vielleicht gehören sie hierher. — Sind die *æ* (oder *ae?* Weinh. ist da nicht genau) in »chrædam‹ »græven‹ wirklich Umlaute, wie Weinh. b. Gr. § 42, S. 54 meint, oder soll damit eine Dehnung des a (also ae = â) bezeichnet werden, wie etwa in der Sprache des Reinaert? Dass *æ* für ŏ geschrieben wurde, werden wir sehen. Speciell vor *r* könnte das *æ* auch dumpfes a mit dem unbestimmten Nachschlag bedeuten ,ehlurer‹ gest. Rom: »wære‹ »wærheit‹ XII. Jahrh.; Weinh. l. c.).

§ 43. Fürs XII. Jahrh. will ich den »falschen‹ Umlaut gleich abthun. In einzelnen Fällen (»erl‹ »mæsen‹ »plæspelige‹ »Meginræt‹ Weinh. l. c.) fehlen mir sowol Hinweise des heutigen Dialects als auch meist alle in dem grammatischen Bau der Laute liegenden Vorbedingungen für einen thatsächlichen falschen Umlaut. In »inercit‹ (Br. L., S. 137, XII. Jahrh.) könnte vor *r* das *e* wieder den Nachschlag eines dumpfen *a* bedeuten (,ŏä'). Im bairischen »Hædgeringen‹ (B. G.¹, S. 253, c. 1140) ist der Umlaut anzunemen,

---

[1]) Zur Berichtigung der Notiz Zahns (U. St.², S. 692 unter »Necistal‹) sei hier erwähnt, was mir im Namen der Landgemeinde Uebelbach Herr Wunsch zuschreibt, dass man das Thal zwischen Uebelbach und der Kainach nicht Netzthal — welcher Name ganz unbekannt sei — sondern Geissthal nenne. 6. Febr. 1890.

da auch die heutige Namensform ›Hargeding‹ hohes *a* hat. Zu erklären wäre der Umlaut etwa durch ein *i* wie in *Hadi-stat* (Graff). Ich bin daher geneigt, auch in ›Hætwic‹ (B. G.¹, S. 113, 1177 bis 1201) falschen Umlaut zuzulassen. Absolut festhalten muss ich letzteren aber in ›mæntages‹ (Br. L., S. 137), in ›mæntag‹ (Weinh. b. Gr., § 42, S. 54) und in ›muenſe‹ (oftmals, z. B. O. E.¹, S. 91, c. 1150), weil er hier aus älteren *mâni* (mânitag, mâninseo) sehr leicht erklärlich ist und sich noch im XVI. Jahrh. bei Herberstein (›Mentag‹) findet. Zwar ist mir nur aus der Gegend um Litschau und Hosternschlag im NW. von N.-Ö. ein heutiges ‚mâ‾dä‘ erinnerlich: aber das sporadische Auftreten anderer solcher Umlaute (‚grämpm‘, § 42), während die meisten Gegenden sie nicht kennen, zeigt, dass dergleichen Vorgänge wieder ausser Übung kommen können. Vgl. auch den Dativ ›Riuste‹ heute wieder ‚Rûsd‘ (bei St. Pölten), unter Vocal ‚u‘.

Wol aber hat sich der Umlaut ›wægene‹ (Milst. b. Weinh. § 339, S. 341) in ‚wâŋ‘ bis heute erhalten.

In ›Hædgeringen‹ ›Hædwig‹ ›wægen‹ liegt kurzes, in ›mæntag‹ ›mænſe‹ langes *a* zu Grunde: der Umlaut ist beiderseits gleich bezeichnet. Auch in den echten Umlauten werden wir keinen Schreibunterschied finden, müssen daher gleiche Qualität, wie sie heute besteht, annemen. Dass auch ahd., mhd. â im XII. Jahrh. schon den Umlaut hatte, geht z. B. aus Br. L., S. 130, deutlich hervor (regelmässig *æ*). Es handelt sich nur, welchen phonetischen Wert wir im XII. Jahrh. dem (ersten) Umlaut zuzuerkennen haben.

Wir schicken wieder die slavischen hohen ‚a‘ voraus. Graz wird (U. St.¹, S. 827, c. 1123—1190) mit ›Gracz‹ ›Grace‹ ›Graze‹ ›Graece‹ ›Gracci‹ ›Grece‹ ›Graecz‹ ›Graeze‹ — einmal sogar ›Graiz‹ geschrieben (s. unten). Anders als mit Beibehaltung des hohen slavischen ‚a‘ kann man in diesen Schreibungen sich nicht zurechtfinden: 1183 (S. 593) wechselt ›Graece‹ und ›Grace‹ sogar in einer und derselben Urkunde. Windischgräz bei Cilli erscheint zwischen 1093—1190 (S. 933) mit ›Grez‹ ›Graze‹ ›Gretz‹ ›Graez‹. Der Ort Gams bei Marburg, der schon 1093 (S. 101) in einer verlässlichen neuen Abschrift ›Gemniz‹ geschrieben wird, erscheint von 1100—1190 wieder mit lauter *a* (S. 104, 450, 701 ›Gamuiz‹, S. 238 nach einer Abschrift ›Caminitz‹), während gleichzeitig der Gamsbach bei Hieflau (1139, S. 183) als ›Gemze‹ erscheint, freilich in einer Abschrift des XIII. Jahrh. — Krasnitz (*krásný* = schön) wird zwischen 1136—1186 mit »Chraeznitz« und »Chreznitz« geschrieben (U. St.¹, S. 791). Der Berg oder Ort Schladming (Ennsthal; *slabý*, schwach, klein) wird c. 1180 (S. 578) »Slacuenich«, 1184 (S. 596) »Slabenich«, 1185 (S. 614, Cod. d. XIII. Jahrh.) »Slabnich« datiert. Sagritz in Oberkärnten bei Winklern dürfte auf ein *Zagorice* zurückgehen; es erscheint c. 1155 (S. 360) als »Sagerice«, 1184 (S. 595) als »Segeriz«, 1185 und 1187 (S. 614 und 662) in Abschriften des XIII. Jahrh. wieder mit *a* als »Sagerize«. Der Granizbach bei Obdach erscheint 1184 (S. 602) als »Chraedniz« viermal; sechs Jahre später, noch dazu in einer Abschrift des XIII. Jahrh. (S. 697) wieder mit *a* als »Gradniz«. Von einem »Rückgange des Umlautes« kann dabei natürlich nicht die Rede sein; nur die Schreibung des slavischen hohen ‚a‘ wurde willkürlich gewechselt. Ob »Gradewin« »Gradevvin« »Gredevvin« »Cradwin« (1136—1188, U. St.¹, S. 835) ferner der »Scernizwalt« (1095—1143, B. G.¹, S. 62; Weinh. § 12, S. 24) slavisch sind, entscheide ich nicht. Hohes ‚a‘ ist hier überall bis in die heutige Mundart geblieben.

Wir haben hier für hohe ‚a‘, die uns im Vorhinein als solche feststanden, die Zeichen *a* und *e*, *ae* wechseln gesehen. Wir werden aber auch, wo uns der eigentliche Lautwert durch keine fremde Sprache gegeben ist, aus dem unregelmässigen Wechsel von *a* und *e*, *ae* auf hohes ‚a‘ schliessen können. Der mhd. Lautwert *genennelin* erscheint, um mit bairischen Belegen zu beginnen, 1149—1177 als »Gnelin« »Gnenlin» ›Guenilin« (B. G.¹, S. 104, 108, 109); von 1177—1201 als »Gnaenelin« »Cnenil« ›Gnennelin« »Gnenlin«, auf einmal »Gnanilin«, »Gnelin« »Gnenl« ›Gnaenl« »Guaenl« »Gnainl« etc. (S. 116, 119, 122, 123, 127, 128, 130, 131, 132, 137); ausgesprochen offenbar wie ‚Gnáʼl‘, ‚Gnâ⁻laʼ‘ (filius Gnenlenis S. 117), denn *a* und *ei*, *ai* bezeugen neben *e* hohes ‚a‘. Gleiches lehren die Schreibungen von Mating bei Kehlheim, mit heutigem hohem ‚a‘. Nachdem es 1095—1143 (S. 70 und 71) »Metinge« und »Mattingen« geschrieben worden, erscheint es 1149—1177 als »Metinge« (S. 85). 1177—1201 als »Maithin« »Matingin« ›Maitingin« »Maitingin« (S. 132, 137, 138, 139). Der Ort Thalmässing im Ldg. Greding hat hohes *a* in zweiter Silbe; er erscheint in zwei Nummern (B. G.¹, S. 288 und 289), die sonst »Maezzingen« »Hartwich« schreiben, trotzdem mit *a*: »Talmasingen« »Talmascingen« vor 1191; hingegen c. 1170 (S. 310) mit *ae*: »Talmaezzingen« und 1182—1195 ebenso: »Talmaezingen« (S. 350). In Oberösterreich steht c. 1120 (O. E.¹,

S. 531) »Chazilie« neben »Meginhart«, (S. 539) »Chazile« neben
»Chezile«; der Ort Trattnach bei Hag, mit hohem *a* in erster Silbe
erscheint zwischen 1155—1185 (U. St.¹, S. 802 f.) als »Dreatenha«
»Dratenah« »Draetenach« und »Dratina«. Altes »Chæzelo« neben
»Chezilinus« (Salb. Kostern. n° 139 und n° 455) und »Chazilinus«
(Göttw. c. 1110) stellt R. Müller gegenüber (Verein f. Lk. 1889,
S. 46); »Kecil« 1100 (U. St.¹, S. 105) hat ein Gegenstück in »Chezil«
1184 (S. 602); daraus folgt ein »Kazlinsdorph« »Kecilinsdorf« um
1196 im Ukdb. v. St. Paul. Dem alten »Chazilinisdorf« bei Tulln
steht gegenüber ein »mecilinisdorf« bei Melk 1112—1121 (ebenda,
S. 46 f.). Heute ,Kházlsdöäv' ,mázlsdöäv' mit hohem ,a'. — Ratschen-
hof wird 1139 »Ratschenruta« (Stiftb. v. Zwettl. S. 37), 1156
»Racensruta« (S. 49) und 1179 ebenso geschrieben (S. 61). Doch
greift schon S. 35. 44, 45, 48 bis 68, 69, 70 auch die Schreibung
»Rätsen« »Ratsen« »Retschen« ein, so dass blankes *a* und be-
zeichneter Umlaut lange nebeneinander gehen. Dass das *a* in
,Radschnhöuv' heute in der Aussprache kurz ist, wie R. Müller
meint (Ver. f. Lk. XXIII, S. 405), höre ich nicht.

Der Name »Rachwin« kommt im Ukdb. v. Steierm. 1. viermal
zwischen 1100—1190 vor; c. 1115 (S. 112) wird er mit *e* (»Rechwin«), sonst mit *a* geschrieben. S. 205 c. 1140 lesen wir »Flaze«;
S. 253, 1146 schon »Fleze«, dann S. 587, 1182 »Flacee« und
S. 653, 1186 »Vlacee«, heute ,Fläz'. — S. 528 erscheint ein »Am-
einspach« noch 1174 (erst 1184 S. 597 auch »Emicinispach«),
während doch der Umlaut thatsächlich schon längst durchgedrungen
war. Der Personenname »Lantfrit« mit falschem Umlaut in erster
Silbe, erscheint 1138 in einer Originalurkunde als »Lentfrit« (U. St.¹,
S. 174), 1140 ebenfalls in Originalurkunden als »Lantfrit« (S. 187)
und »Lantfridus«; dann 1141, 1142, zweimal 1145 (S. 213, 217,
249, 250) hintereinander mit *a*; 1147 wieder »Lentfrit« in einer
Originalurkunde, welche zum deutlichen Erweis der schwankenden
blossen Schreibung das uns schon bekannte hohe ,a' in »Graz«
zweimal mit *a* zeichnet; dann folgen 1147 und 1150 (S. 280 und
310) wieder »Lantfridus«, »Lautfridi« und »Lantfridi«; 1151 (S. 327)
kommen gar beide Schreibungen in einem einzigen Satze einer
Originalurkunde vor: »Lantfridus et filius eius Lentfridus.« Mit
»Lantfridus« c. 1160 (S. 399) schliessen wir die Aufzählung. Und
dieser Mann, resp. sein Sohn, werden doch ihren Namen mundartlich
nicht bald so, bald anders gesprochen, sondern nur die eine Aussprache

mit hohem ‚a‘, welche beiden Schreibungen genügt, gebraucht haben. —
Steirisch (Br. L., S. 130 und 136, XII. Jahrh.) sind auch die Schreibungen »taegeliche« »taeglichen« und »taglichen« »tagelichen«, sowie
»zaehere« »zaechere« und »zahere«.

Allerdings macht sich aber gegen das erste Drittel des XII. Jahrh.
hinauf ein Seltenerwerden des Wechsels von *a* und *e* für heutiges
hohes ‚a‘ der Mundart geltend, und die Schreibung *a* überwiegt je
früher, desto mehr. Freilich folgt daraus, phonetisch genommen,
gar nichts: es müsste denn dieser Wechsel ganz aufhören. Wir
sind aber mit einem »mecilinisdorf«, einem »Rechwin« — neben den
entsprechenden *a*-Schreibungen — bis in den Anfang des Jahrhunderts hinaufgerückt und weiter zurück werden wir, bis ins
VIII. Jahrh., diesen Wechsel zwischen *e* und *a* wieder viel häufiger
finden. Vom ersten Drittel des XII. Jahrh. zurück beginnt eben
eine Zeit, wo es nicht besonders Mode war, hohes ‚a‘ mit fränkisch-
schwäbischem *e* zu bezeichnen; *a* findet sich häufiger. Das Zeichen
a wird nicht nur in lateinischen Lehnwörtern (»capitl« öfter, Br. L.
139, XII. Jahrh.) oder in der mhd. Nachsilbe -*aere* verwendet, wo
das hohe ‚a‘ leicht einem ‚ä‘ weichen mochte, wenn eine schwerere
oder gar keine Silbe folgte (»scolare« »lesarinne« »woebnarin«
»riuwesare« »bihtarn« »pihtigaren« »cursare« »knotare« »rihtare«,
Br. L., S. 137, XII. Jahrh.), sondern ganze Denkmäler, so das
letztcitierte, vermeiden fast principiell die Umlautsbezeichnung, besonders bei â: »unmazig« etc., aber »muentages«. — Das »flatum
ferri, quod *aruzi* dicitur« von 931 (U. St.¹. S. 24) geht als »*ariz*«
1103 (S. 112) durch doppelte Originalschrift gesichert in unser Jahrhundert über und bleibt so 1114, 1149, selbst 1170 (U. St.¹. S. 940):
heutige Dialectform: ‚*âz*‘. Die meisten Orts- und Personennamen
(U. St.¹: Anzenbach, Flatz, Kalbam, Jaring, Reginbert) treten zu
Beginn des Jahrhunderts mit einem *a* auf, das oft erst um 1170—80
dem Zeichen *e*, *ae* weicht.

Wenn der Umlaut von *a* in bairisch-österreichischem Dialect
auch fürs XII. Jahrh. mit hohem ‚a‘ anzunemen ist, dann müssen notwendig in den Schreibungen, die ja in der Umgebung von »Herrischen«
geschehen, Verwechslungen mit dem erstbehandelten »herrischen«
hohen ‚a‘ = ahd. mhd. *ei* auftauchen. Weinh. erbringt (b. Gr. § 66,
S. 73) aus der Kaiserchronik ein hieher gehöriges »wairliche« (‚wâʻla‘
bei Lindemayr) und S. 73 das uns schon bekannte »Gnainl« (1177
bis 1201, B. G.¹, S. 137), womit sowol mhd. *a* als *e* belegt ist.

Dazu fügen wir ›Gne*in*lin‹ 1149—1177 (B. G.¹, S. 108); die übrigen Schreibungen dieses Namens siehe oben. Dass der Ort Mating, welcher Umlaut von *a* in der ersten Silbe hat, zwischen 1177 und 1201 dreimal mit *ai* geschrieben wird, ist ebenfalls schon oben nachgewiesen. Dort wurde auch Thalm*ä*ssing behandelt: es erscheint c. 1120 als ›Talm*ai*zzingen‹ (B. G.¹, S. 200); Belenchovin (S. 46, 1070—1095) wechselt mit ›B*ai*linchovin‹ (S. 59, 1095—1143); ob das heutige Pelchenhofen ‚P*á*llchnhôuvn‘ ‚P*á*llnhôwn‘ oder dergleichen ausgesprochen wird oder schon den zweiten Umlaut hat (‚Pöllchņhôuvn‘), weiss ich nicht.

In Oberösterreich und Salzburg haben wir eine Reihe von Schreibungen des Namens Pla*in*, eigentlich ›Plegen‹ ›de Plagio‹ zwischen c. 1130 bis c. 1150 (O. E.¹, S. 556, 560, 240 ›de Pl*ei*gen‹ ›de Plaigen‹), wo offenbar *ei* für hohes Umlauts-‚a‘ steht; U. St.¹ S. 480, 1170 ›de Pl*æ*ige‹; auch ›Bla*i*gen‹ ›Pleige‹ (S. 768). Die Schreibungen ›Pla*in*‹ ›Ple*i*nensis‹ könnten auch gewöhnliches *ei* = mhd. *age, ege* enthalten. (Vgl. Anm. zu § 20.) — Wenn in ›tagedine‹ das *g* noch vorhanden ist, kann *ae* und durch Verwechslung *ai* in der ersten Silbe nur hohes Umlauts-‚a‘ bedeuten (O. E.¹, S. 654, 1140 ›taigdinge[chirchen‹ und S. 726, 1150 ›ta*e*gdin[ge[chiren‹); doch kann das *g* auch bloss irrtümlicher und überflüssiger Weise beibehalten worden sein, dann liegt aber die Verwechslung wieder in dem *ae* (oben § 14).

Das steirische ›Me*i*senberg‹ für ›Masinberg‹ ist ebenfalls § 14 behandelt. ›Gra*i*z‹ für Graz, ›La*i*nfrit‹ 1140 für ›Lentfrit‹ ›Lantfrit‹ ist soeben oben nachgewiesen worden. Für älteres ›Glasibach‹ (U. St.¹, S. 86 und 106, zwischen 1074—1100) erscheint S. 106, 1100 ›Glaisipach‹. Ob der Ort noch heute hohes ‚a‘ in der ersten Silbe hat, ist mir unbekannt; die Lautstructur hätte ein solches bedingt. — S. 127, c. 1125 lesen wir ›in monte Z*a*zzenberg‹, freilich in einer Abschrift aus einem Cod. trad.; dafür bürgt ein authentischer Cod. trad. c. 1170 für ›Z*e*zenberch‹ (S. 492); eine aus dem XIII. Jahrh. stammende Abschrift einer 1187ger Urkunde (S. 663) hat ›Zezenber‹. Zwei andere Urkunden hingegen von 1185, abgeschrieben im XIII. Jahrh., haben (S. 614 und 627) ›Ze*i*nzenberge‹ ›Ze*i*zenperge‹ mit *ei*. Es gibt nun allerdings sowol einen Namen ›Z*a*zo‹ als einen solchen ›Z*e*izo‹. Aber richtig kann nur e i n e r davon sein, eine Verwechslung liegt hier jedenfalls vor und von Wichtigkeit wäre es, zu wissen, wie das heutige ›Zeissenberg‹ im Volksmunde

klingt. — Erwähnt sei hier auch, dass älteres »Meizzenstein« »Maizin-
steine« »Meizinsteine« (U. St.[1], S. 868, zwischen 1073 und 1179) fälschlich heute mit »Madstein« geschrieben wird: es ist kaum der »Stein
des Mazo«, soudern der Stein des Meizen (vgl. ahd. *meizo*, Stein-
metz) gemeint. Ein Waldgebiet ‚it ä͞nmäïl' = mhd. *steinmeize*, auch in
meiner Heimat, trotz sonstigem ‚ea' für ahd. mhd. *ei* (§ 2, Schluss).

Der niederösterreichische Ort Flatz bei Neunkirchen, der 1138
(U. St.[1], S. 176 f.) 1140 (S. 192, S. 205) als »Flaze«, 1146 (S. 253)
als »Fleze« erscheint, wird (O. E.[2], S. 176) »Fleice« geschrieben.
Mit »Neispach« in einem Original von 1163 (U. St.[1], S. 444) und
»Nietspach« 1175 (Cod. trad. Adm., U. St.[2], S. 536) für das heutige
Natschbach mit hohem *a* in der ersten Silbe bin ich bei meinem
Geburtsorte angelangt, dem ich nun zu seinem Etymon verhelfen
muss. Dass »Nietspach« als »Neitspach« aufzufassen ist, sagt schon
R. Müller (Ver. f. Lk. XXIII, S. 415).

R. Müllers Hypothese »Nagidespach« hat wenigstens die sprachliche Möglichkeit für sich; aber keine urkundliche und begriffliche
Wahrscheinlichkeit. Keine urkundliche: weil ein *Nagit* nirgends vorkommt und Müller selbst, trotz seiner bewundernswerten Belesenheit,
die Bildung auf -*it* für Österreich nur in einem »Farit« nachweisen
kann (a. 776); keine begriffliche: weil für einen deutschen Manns-
namen der Bedeutungsinhalt von »nagen« denn doch zu kleinlich
ist und Förstemann thatsächlich keine Ableitung vom Stamme »nag«
kennt ausser *Nagal* (unguis; Mchb. a. 820), den heutigen Namen
Nagl. — R. Müller hat eben durch seine Zurückführungen der österreichischen Ortsnamen auf einen persönlichen Eponymus schon so
viele schöne Erfolge erzielt, dass er dieser Art der Erklärung vielleicht manchmal zu viel zutraut. Wenn eine Urkunde 1164 (U. St.[1],
S. 452) mit »Nedaltespach« gewaltsam so einen Eponymus herbei-
ziehen will, so weist R. Müller selbst diesen ungeschickten Versuch
zurück (l. c. S. 415). Man muss also auch den urkundlichen
Schreibungen gegenüber vorsichtig sein. Wenn (O. E.[1], S. 891)
zwischen 1130—1140 zwei »Nedaspach« acht anderen Schreibungen
mit *e* (Nedespach, 1140—50) gegenüberstehen, so kann -*as*, -*es* als
»bairischer Genitiv« (Weinb. § 338, S. 340) auf ein kurzes ‚ä' zu
deuten sein; aber so ein ‚ä' ist nicht verlässlich, zwischen 1163 und
1175 wird auch nur mehr »Neispach« (U. St.[1], S. 444) »Netspach«
(S. 490) und »Nietspach« (S. 536) ohne solches ä geschrieben;
gesprochen auch schon 1160 nicht, denn nur wenn es unterbleibt.

berührt sich das angeblich ursprüngliche *d* mit *sp*, was zu einer Härtung führen muss: ›Nettespach‹ darf also (S. 397 zweimal) nur mit Unterdrückung des zweiten *e* gelesen werden. Ganz ähnlich verhält sichs zwischen 1147—1190 mit ›Wides‹ und ›Vites‹, heute Weitz (U. St.¹, S. 928): wäre das *e* wirklich irgendwie ausgesprochen worden, so wäre ein Wechsel zwischen *d* und *t* nicht leicht denkbar, nur aus der dialectischen Aussprache *Wids* = *Wits* kann sowol *d* als *t* herausgehört werden. Hat man doch für das etymologisch einzig richtige ›Sitz‹ ›Sitze‹ des XI. und XII. Jahrh. (›Seitz‹ bei Gonowitz) um 1250 noch ›Seydes‹ geschrieben (U. St.¹, S. 604). Darnach haben wir in Nettespach‹ sicher, und wahrscheinlich auch in ›Nedaspach‹ und ›Nedefpach‹ einen schriftmässig reconstruierten Flexionsvocal vor uns: die eigentliche dialectische Aussprache war, da das erste *e* wegen des heutigen ‚a‘ und wegen der Verwechslung mit *ei* (§ 14, S. 161) wie hohes ‚a‘ zu lesen ist, das ‚a‘ in -*pach* aber sich später (Voc. *ä*) als ein dumpfes erweisen wird, ‚nátfpäch‘ oder ‚nátfpäch‘.¹) Aus dem hohen ‚a‘ erklärt sich nach § 14, S. 160 der einmalige Versuch, ein *eg* herauszudeuten (›Negdesbach‹ nach Analogie von ‚tútiŋ‘ und ›taegding‹) als ebenso grundlos, wie die zweimalige Deutung des ‚a‘ auf *ei*, und wie überhaupt die ganze so widersprechend ausgefallene Deutung auf einen Eigennamen (Negdes-Bach, Nettes-Bach, Nedaltes-Bach).

Ich hoffe, wir dürfen uns auf die so gewonnene Dialectform ‚nátfpách‘, eventuell mit Rücksicht auf die untenstehende Note ‚nátfpäch‘ verlassen. Wenn ich die letztere unorganische Trübung beiseite setze, so kann ich phonetisch auch ‚názpách‘ schreiben (z = scharfes z). Was ist ‚náz‘?

¹) An einen wirklichen Ausfall des *t* glaube ich in ›Neispach‹ so wenig wie in ›Chaes‹ 1217 (U. St.², S. 222) oder ›Kasse‹ 1232 (S. 390 u. 398) gegenüber sonstigem ›Chats‹ ›Chets‹ ›Chaetse‹ ›Kezs‹ (1195—1245). Das *ts* (=z) halte ich gegenüber dem z für ein *tsch*. Da sich vor *sch* öfter ein unorganisches *t* in die Aussprache einschlich (›Furtsprunn‹ d. i. dial. *fúütschprun* statt *fúütschprun* = mhd. *fuo:'sprunne*; *fradschln*, von *fröüschn* = mhd. *vreischen* —, so mag mitunter in der Schrift als vermeintlich unechtes *t* auch ein echtes weggeblieben sein. In solchen Vorgängen liegt eben der bisher in der Germanistik noch zu wenig besprochene Detailkampf der sich entwickelnden Schrift mit den Dialekten. — Zugleich wird uns hiebei auch das heutige dial. Lautgesetz, demzufolge *f* zwischen *k* und *p* (hier *t* und *p*) zu f wird, auch fürs XII. Jahrh. wahrscheinlich (*Róznad*, S. 200 f.).

Es kann nur das mhd. stf. *netze* sein, wenn *-pach* appositionell
beigegeben ist; das Geschlecht hat sich nach der Apposition be-
greiflicherweise gerichtet, sobald diese zum Grundworte einer Com-
position wurde. Sollte, was ebensowohl in Betracht kommt, die Com-
position mit dem Verbalstamm erfolgt sein (wie in »Springbrunnen«
»Schreibheft«), so müsste man ans mhd. swv. *netzen* denken; den
Compositionsvocal darf ich, wie sich gelegentlich zeigen soll, für
den Dialect des XII. Jahrh. als schon vernachlässigt annemen. Die
heutige Mundart spricht aber mhd. *netze, netzen* nicht mehr mit ,a‘,
sondern schon mit dem zweiten Umlaut ,eï‘ aus: ,di néiz‘ (ungebr.),
,néizn‘, wie ,di ſpïa‘ (statt ,ſpeïa‘) und ,'peïn‘, ,di wïa‘ (statt ,weïa‘)
und ,weïn‘; und doch bleibt nach den Schreibungen die Aussprache
mit hohem ,a‘ (,náz‘) auch für jene Zeit wahrscheinlich; wurde
ja auch der Ort Flatz, der vom Osten aus betrachtet, wie ein
kleines erhöhtes Vorhaus des Steinfeldes mit schönem flachen Boden
und fast regelmässigen Wänden aussieht, nicht mit der heutigen
Lautung ,fléiz‘ (Schm. b. Wb.[2] I, S. 800 ,Flétz‘), sondern, wie wir
gesehen, mit »Fleze« = ,Fláz‘ bezeichnet. Dieses hohe ,a‘ ist (weil in
einem Eigennamen ohne folgendes *i* festgehalten und der Analogie
der sonstigen begrifflich-phonetischen Sprachentwicklung entzogen) in
,názpach‘ und ,fláz‘ auch geblieben, als sich sonst der zweite Umlaut
einstellte: nur hat sich ,fláz‘ in ,flâz‘ vernachlässigt.

Der Bach meines Heimatsortes hat z w e i sehr charakteristische
Eigenschaften: dass er nach Regengüssen gelegentlich plötzlich an-
schwillt und Überschwemmungen bringt, sonst aber das Jahr hindurch nur intermittierend sein sandiges und schotteriges Bett mit
einem lauen Wässerlein befeuchtet, das durchsickernde Wasser aber
auch auf die umliegenden Äcker leitet und dieselben »nasstellig«
macht. Bei der Benennung des Baches hat man erstere Eigenschaft
mehr für den o b e r e n Lauf desselben (»Räml-ach«, also »Ache«),
die zweite Eigenschaft mehr für den unteren, ruhigeren Lauf (daher
»Bach« — Natschbach, ? Loipersbach) im Auge gehabt. Dass die
Gewässer in der Umgebung weniger, wie Müller wol gern hätte,
nach Personennamen als nach natürlichen Eigenschaften bezeichnet
werden, dafür bürgt uns die Schwarza, die ,geïbla‘ (Gumpilaha =
Grünbach), die Ramla = räumende Ache (s. unten III. ,a‘ = *an* vor
Labialen), die Fisch-a, die Leith-a u. s. w. Dass speciell die Anschauung von dem Netzen des Bettes und auch der Umgebung in
deutschen Bach- und Flussnamen Verwendung findet, dafür bürgt

uns steirisches (U. St.², S. 692) »Netztal«, reconstruiert mit falschem i: »Necistal« 1205, 1206. 1246; das identische »Netzbach« bei Diez, Nassau (»Nezebach« 1092, Förstemann, II, S. 1145); die preussische »Netze« selbst; in weiterer Linie Nassau bei Leibnitz, die deutsche Stadt Nassau, »Nazzinburen« etc. (Förstemann, l. c. S. 1142 ff.). Warum aber ist man dem so einfachen und natürlichen Sinne des Namens »Natschbach« in den Schreibungen durch allerhand Mittel, Einschiebung imaginärer a oder e, Umdeutung des Stammvocals ‚a‘ auf -ege- oder gar gewaltsame Beziehung auf einen illusorischen Eponymus »Nedalt« oder »Negd« (Nagit?) ausgewichen? Man sehe zur Aufklärung dieser Scheu vor dem einzig richtigen ‚náz‘ nur einmal ins mittelhochdeutsche Wörterbuch: »netze, stf. = Urin.« Schon oben, § 9, hat es uns geschienen, dass der hydrographische Begriff »Wasserseige« aus ästhetischen Gründen in »wassersig« verfeinert wurde; dasselbe Bedürfnis darf man den Einwohnern eines Ortes, einem geistlich gesinnten »Luipoldus de Nettefpach« umsoweniger verargen, als auch die sehr realistischen heutigen Bauern wegen des Spottes der Nachbardörfer nicht wenig empört sein würden, zu vernemen, dass ihr Heimatsort, in den heutigen Dialect übersetzt, ‚Sóachbô‘ heisse.

So viel zum Nachweise, dass in »Fleize« und »Neispach« thatsächlich hohes Umlauts-‚a‘ unter einer Verwechslung mit ei bezeichnet erscheinen. Die beiden Schreibungen, sowie obiges »Gneinlein« »Pleigen« »Meisenstein« (mit ei!) treten zugleich einer Anschauung entgegen, die aus der relativ häufigeren Verwechslung zwischen ‚a‘ und dem Zeichen »ai« entspringen könnte, umsomehr, als z. B. (B. G.¹, S. 138) ein unechtes »Maitingin« von »Eiterhouen« »Heinric« derselben Urkunden geschieden erscheint: der Auffassung, dass dieses unechte »ai« vom echten »ei« verschieden ausgesprochen wurde. Doch stehen sich auch z. B. (B. G.¹, S. 139) gleiche Werte, so zweimaliges »Alhaidis« und »Heinricam«, S. 132 überdies »Gnaenl« »Volchemara« und »Maithin« gegenüber, zum Beweise, dass mehrere Zeichen inconsequent für denselben Laut (‚a‘) verwendet wurden. — In einzelnen Fällen muss ich aber doch, und zwar nur durch die heutige Aussprache genötigt, derartige unechte ei (gerade da kommt kaum ein ai vor) anders als mit hohem ‚a‘ lesen. Aus »Eglisbrunnen« (B. G.¹, S. 36, 1070—1095), »Eglesbrunnen« (S. 66, 1095—1143), »Egilsprön« (S. 135) und »Egilseprönne« (1177—1201) sollte man wegen Ableitung von Agil-, Egil- schliessen, zufälliges »Eigilsbrunne« (S. 43, 1070—1095;

S. 69, 1095—1143) und »*Ei*gilsprunnen« (S. 85, 1149—1177) sei mit
anlautendem hohen ‚a‘ zu lesen: dem widerspricht aber das heutige
»Eilsbrunn« (bei Kehlheim). Zwar könnte man, da ‚aî‘ vor ‚l‘ doch
wieder zu ‚â‘ wird, die heutige Schreibung in »Eilsbrunn« und »Sail-
bach« (B. G.¹, S. 83, »Segelbach« 1149—1177) eine irrtümliche
nennen. Aber in »Aigelstetten« bleibt das ‚ai‘, obwol noch ein *g*
vor *l* steht (*gl*), ebenso in »Aigelsheim« trotz »Egelstet« (B. G.¹,
S. 80, 1143—1149), »Aegilsheim« (S. 253, c. 1140). Wir müssen
also annemen, dass das *i* der Nachsilbe durch ein nach ‚a‘ stehendes
g mouillierend hindurchgedrungen ist, sich mit dem ‚a‘ zu ‚ai‘ (»ei« »ai«)
verbunden und bis heute behauptet hat. Recht deutlich sehen wir
diesen Vorgang im Namen Aiglern bei Irdning in Steiermark (U. St.¹,
S. 733, 1125—1185): »Egilwarin« »Egilaren« »Aigelarn« und
»Eiglarin«. So ist auch »Eigilswanch« (B. G.¹, S. 280, vor 1146)
aus »Egilswanch« zu erklären. So setzen wir also schon fürs
XII. Jahrh. an: ‚Ai*gl*esbrunne‘ ‚Sai*gl*bach‘ ‚Ai*gl*stetten‘ ‚Ai*gl*sheim‘
‚Ai*gl*aren‘ ‚Ai*gl*swanc‘, wobei wir die phonetische Verantwortung hier
nur über die ersichtlich gemachten ersten Buchstaben übernemen.
Heute ‚ai‘.

Verschieden hievon ist ein anderes, uns seinem Entstehen nach
heute noch ganz leicht begreifliches ‚aî‘ oder besser ‚aü‘, nämlich
in »Eipeltau« »Eibelsau«. — *Alpintou*, *Alpiltou* hat hohes ‚a‘ ebenso
wie »*E*lbelsouwe« in der ersten Silbe. Das auf einen Vocal folgende
l kann im Dialect zu ‚i‘ ‚j‘ und, besonders vor Labialen, zu ‚ü‘
werden: ‚aüpldau‘ ‚aüwlsau‘. Hier folgte also nicht, wie oben, hohes
‚a‘, dann *g*, dann *l*, sondern ‚a‘, dann *l* > *ü* und dann ein labialer
Consonant. Heute entwölbt ‚ai‘.

Noch einen andern Wert hat das Zeichen »ei« gewiss schon
im XII. Jahrh. in »Eingilschalc« (B. G.¹, S. 272, gegen 1150) und
in »Eingelschalc« »Eingelschalci« (U. St.¹, S. 197, c. 1140, Originalurkunde). Auch hier muss das folgende *i* mouillierend in die erste
Silbe, die wir bis dahin als hohes ‚a‘ annemen müssen, vorgedrungen
sein. Noch heute spricht der ältere breite Dialect vor Resonanten
dieses ‚aî‘ aus a + i (‚raîmln‘ ‚naînä‘ ‚aîŋgl‘ = rümmeln, nennen,
Engel); wir haben hier wol die ersten Fälle des zweiten Umlautes:
ahd. »heinna«, ‚bain‘ (Henne). Heute vor Resonanten in manchen
Strichen ai; sonst e‘, geschlossenes *e*.¹)

---

¹) Ein »a + i« kann eben einen zweifachen Weg der Entwicklung ein-
schlagen, wobei das erste ‚a‘ als ein hohes vorausgesetzt wird.

Sehr wichtig für den Erweis des hohen Umlauts-,a', und zwar von langem mhd. â, ist ein bairischer Eberhardus um 1180—1190. Derselbe lässt sichs angelegen sein, seinen Beinamen — während andere zweideutiges »Holzenar« (B. G.¹, S. 132, 137) oder schriftmässiges »Albenaere« (S. 192) »chastenær« (S. 188) ansetzen — dialectisch genau zu bezeichnen. Dazu wählt er, wie Ödalric Holzenaira (S. 135) ein ei, das er ja als »herrischer« Jagdmann wie ,a' lautiert: »Eberhardus Valcheneire« (S. 353). Aber noch nicht wegen dieser Leistung habe ich ihm hier einen besonderen Platz gewidmet, sondern weil er sein hohes ,a' an anderer Stelle (S. 342) durch einen Accent markiert: »Eberhardus Valchenár«. Diese Schreibung, d für hohes ,a', taucht bald darnach, wenn auch nur ungeschickt und vorübergehend, in Ungarn auf, vgl. die Anm. zu § 25. Auf unserem Boden werden wir sie in einer weit früheren Zeit wiederfinden, aber ebenso flüchtig.

Und nun fürs XII. Jahrh. noch einige Schwierigkeiten, die ich noch nicht annähernd befriedigend lösen kann. Im Stamme *-halm* konnte ich fürs XIII. Jahrh. weder für hohes noch für dumpfes *a* eintreten. Die Schreibungen für Wilhelm in U. St.¹ sind deutlich für hohes ,a'. Auf »Vuillihelm« 925 (S. 18) folgt c. 1030 ein »Willibalm« (S. 55), 1096 »Willebalm« (S. 102, Orig.), 1138 aber wechseln »Willihelmo« und Willibalmisburch (S. 174 und 176, Orig.), 1140 wieder »Willihelmo« (S. 191, Orig.) und »Willebalm«

Entweder wird dem zweiten Bestandteile i keine besondere Sorgfalt gewidmet; dann geht er‍ in ae, a‍, offenes e über; neuere‍ ,ai', ,au' klingt im Böhmerwalde und den Wiener Vororten wie offenes ē, o und so sprechen wir auch im Neuhochdeutschen allgemein unser »ai« als ein »ae« aus (Vgl. Sievers¹, S. 143).

Oder das i wird deutlicher festgehalten, wie in der Schweizer M. A., dann erhöht sich das a zu einem sehr offenen e (Winteler &): daher sprechen die Schweizer w&in, zw&i (ich weiss, zwei). Das i wird sicherer festgehalten, wenn in der Nachsilbe ein i folgt; aus sakki (die Säcke) wurde saikki mit Vordringen des i, und hieraus s&ikki; noch heute sprechen die Heanzen s&ikk. Dieses &i geht dann über eī in geschlossenes e über.

Wenn daher ahd. »Eiglarin« (aus Egilwarin) heute wie Aiglän (d. i. Aeglarn), hingegen ahd. »cheivin« heute als ,Kheivi' oder ,Khe'vi' (mit geschlossenem e = e) gesprochen wird, so ist im ersteren Falle das i der Nachsilbe vom l absorbiert worden, im andern Falle aber (bis heute) geblieben. Davon war dann auch die reine Aussprache und Existenz des i im Diphthong »a + i« abhängig.

Doch muss solches a + i (resp. & + i) noch sehr lange als unanständig gegolten haben und von der Schrift gemieden worden sein: Noch 1160 erscheint (U. St.¹, S. 405) Hatinesdorf für heutiges ,H&ignsdonv' Heignsdonv (g aus ct).

7*

(S. 204), dann erscheinen noch mehrere »Willehalm«, den Schluss
bildet c. 1190 »Willihelm« (S. 695). U. St.[1], S. 936 folgt noch »Anshal-
mus« und »Anshelmus« (vgl. § 60). — Die Schreibung »de Taene«
(U. St.[1], S. 628, 1185) kann ich mir nur als unechten Dativumlaut
(hohes ‚a‘) unter Einwirkung eines frühzeitigen unechten Endungs-*i*
erklären. Sonst lautet der Dativ immer regelrecht »(de) Tanne«
»Tanna«. Ob »Vrhae« neben »Ura« (U. St.[1], S. 924, 1160—1184)
ähnlich zu verstehen ist oder *a* vom Endungs-*e* abzutrennen oder gar
nur ein kurzes ‚ä‘, wie es ja gelegentlich in späteren Jahrhunderten
mit *æ*, *e*, *ae* bezeichnet wird, anzunehmen sei, entscheide ich noch
nicht. — Der Umlaut in »Herpholdisheim« (U. St.[1], S. 691, 1190,
Orig.) neben »Harpfoltishaim« (S. 705, 1190) fällt wegen der Ent-
fernung des *i* vom *a* auf; doch wurden schon im XII. Jahrh. die
nachtonigen Silben so energisch verschleift, dass man, wie wir
gesehen, umgekehrt aus ‚näzpach‘ ein ‚Nedaltespach‘ herauszudeuten
wagen konnte. »Harphoshaim« (S. 845) ist ebenfalls nur eine un-
vollständige Reconstruction des eigentlich dial. ‚Hápfitshoim‘, heute
»Harpfetsham«. So ist auch »Alboldisueld« zu dem hohen *A* in
erster Silbe nach Tilgung des -*old*- gekommen, das später mit *l* zu
aü, ai wurde: »Eibisfeld« bei Leibnitz (S. 698, c. 1190). Vgl. oben
»Eipeltau« und »Eibelsau.« — Die Schreibung »Steinuaelt« (O. E.[1],
Index) ist auffallend, da für unser mittleres *e* (= *ë*) im XII. Jahrh. noch
ein offenes *e* daraus folgt (s. § 60); im Text (S. 684, c. 1180) lautet es
jedoch »Steinuœlt« und kann also auch »gewölbte« Aussprache des
e vor *l* bezeichnen.

§ 44. Wir sind in die althochdeutsche Zeit hinaufgelangt, ohne
irgend einer wesentlichen Änderung des heutigen ‚a‘ als Umlautes
zu begegnen. Die Schriftdenkmäler werden spärlicher, die Ausbeute
für unser Thema naturgemäss eine geringere. Doch finde ich in den
Schreibungen der ahd. Zeit keinen Zwang, in Bezug auf unser ‚a‘
anders als bisher für die späteren Jahrhunderte zu urteilen. Aus
der zweiten Hälfte des XI. Jahrh. liegen schon jene Verwechslungen
mit »ei« und »ai« vor, welche den Wert eines hohen ‚a‘ (wie ihn
eben damals das echte *ei* bei den »Herrischen« allgemeiner und
nicht bloss in einzelnen Wortstämmen zu bekommen anfieng) für
unseren Umlaut dort sicherstellen, wo wir noch heute nur ‚a‘ (nicht
ei, *e*) haben. So wechselt (B. G.[1], S. 41, 43, 44) zwischen 1070 bis
1095 »Hai̇hsenaker« mit »Hasinakker« und »Habsinaker«;
»Hesinacher« erst im XIII. Jahrh. (s. oben).

Ebenfalls zwischen 1070 und 1095 (B. G.¹, S. 41) begegnet
»Winkelsaize«, das heutige Winkelsass mit hohem a; S. 55, 1095
bis 1143 »Uinnesaza«. Aus derselben Zeit stammt wol auch die
Vorauer Handschrift des »Josef«, aus der Weinhold § 66, S. 73,
»sailde« für *sælde* citiert (Weinb. giebt S. XII unpräcisiert das
XI. Jahrh. an). Dass, wie häufig, der steirische Ostländer auch
hierin der Sprachentwicklung seiner westlicheren Stammesgenossen
voraus ist, zeigt das »Gumbrahtdessteiden« einer Originalurkunde
schon aus 1056 (U. St.¹, S. 72), wofür 1059 (S. 75) »Gunprehtes-
steten« ebenfalls in einem Original. Das *ei* ist hier wol heutiges ‚eí‘, ‚eí‘,
nicht ‚a‘. Der Wechsel zwischen a und e in der zweiten Silbe verräth
das tonlose ‚ä‘. Gemeint ist ein Ort bei Deutsch-Landsberg. — Ersichtlich ist, dass sowol kurzes ahd. a als auch langes â, umgelautet,
unterschiedslos dieser Verwechslung mit *ai*, *ei* zeigen (»Hahsin-«
»steten« gegen *sælde*, *sæze*). Dass »*Ei*gilsprunne« (B. G.¹, S. 43,
1070—1095 für »Eglisbrunnen« (S. 35) von »Agil« nicht mit einfachem hohen ‚a‘, sondern schon mit der Mouillierung ‚ai‘ (S. 442 f.)
zu lesen ist, entscheiden ältere analoge Fälle. S. unten § 45. —
Umgekehrt wird auch e c h t e s *ei* mit dem gerade in dieser Zeit
sonst wenig geläufigen (»Lelingen« B. G.¹, S. 168, XI. Jahrh., heute
Laling) Umlautszeichen e geschrieben: »Etirhouen« (B. G.¹, S. 37,
1070—1095) für sonstiges regelmässiges »Aiterhouin« (S. 57), »Eiterhouen«: heute Aiterhofen.

Der Umlaut von a wäre also wenigstens für die zweite Hälfte
des XI. Jahrh. wegen des Zeichens *ai* mit hohem ‚a‘ anzunemen. Verwechslungen mit *ai*, *ei* können aber weiter zurück nicht vorkommen,
weil in dieser Zeit ahd. *ei* im Bairischen, wenige Ausnamsfälle abgerechnet (vgl. § 2), nicht den später herrischen Wert eines hohen
‚a‘ hatte. Wol aber finden wir bis in die frühesten Zeiten hinauf den
ebenso charakteristischen Wechsel zwischen a und ae, e, den man bisher
als ein ewiges »Schwanken des Umlautes« gedeutet hat. Der Name
Arbo erscheint (B. G.¹, S. 33, 1048—1064) als »Aribo«, 1470—1095
als »Aribo« (S. 35), dann als »Arbo« (S. 36), dann wieder als
»Aribo« (S. 39, 43, 46) und ebenso zwischen 1080—1140 (S. 161).
Fragen wir, wie das *A* auszusprechen ist, so verräth uns schon das
i der zweiten Silbe hohes ‚a‘¹): deutlich wird es durch die andere

---

¹) Dass das i auch wegbleiben konnte (»Arbo«), ist mir eine Bestätigung der
oben wiederholt geäusserten Ansicht, dass es vielfach nur eine graphische Bedeutung hatte und man es oft über den Dank der Sprache einschaltete, wo es gram-

Schreibung »*Aerilo*« aus Obermünsterischen Urkunden des XI. Jahrh. (S. 156, 157). Der Name »Palduuinus« hat durch das *i* des zweiten Stammes unechten Umlaut erhalten; er erscheint (U. St.¹, S. 967) noch als »Baldeuuinus« »Balding« und 1055 (S. 69) in einem Original »Beldingus«.

Den unechten Umlaut weist Weinh. § 9, S. 22, mit einzelnen Fällen schon für unsere Zeit nach. Doch glaube ich ihm nur jene Fälle, wo nachfolgendes *i* vorhanden oder doch denkbar ist: »Haertwich« »Schwaerzenbach (Suuarzinb.). Aber in »Kerhaert« »Nothaert« wäre der Umlaut nur aus einem unechten folgenden Flexions-*i* (auch Genitiv-*i*) zu erklären, was für den Nominativ an sich schon precär und bei dem späten Auftreten des erwähnten unechten *i* wol ausgeschlossen ist. Vielleicht ist zulässig die Deutung auf dumpfes *a* mit einem Nachschlag vor *r* (heute ‚ôa'), wie denn seine späteren Belege »vårgenant« »mårgent« (S. 73) nicht anders zu deuten sind. — Wir fügen noch einen »Haertwich« aus dem auctar. Cremifan. (Förstemann, I, S. 612) und um 1030 einen »Hertwic« aus den M. B. (l. c.) hinzu.

§ 45. Durch die öden Zeiten der Ungarnstürme hindurch ist für uns nichts von Belang zu finden. Wir rücken somit rasch in die froheren Zeiten der Karlingischen Herrschaft hinauf. Bei Karl dem Grossen ist nichts ohne Bedeutung: für uns besonders nicht die Grammatik »patrii sermonis«, die er versuchte.¹) Wozu war eine solche notwendig? Schwerlich bloss für die Wissenschaft. Wissenschaft und Religion stellte Karl praktisch in den Dienst seiner centralistischen Idee.²) Ihm wird der verschiedene sächsische, bairische,

---

matisch halbwegs, wenn auch nur durch untergeordnete Nebenformen, gerechtfertigt erschien. Was *i* bezeichnen will, dass es nämlich dem um 1100 vielleicht noch vorhandenen Sprachgefühle nach die bairische Dumpffärbung des a verhinderte, — das ist ins a selbst zu legen, indem man es hoch ausspricht. So wird also auch z. B. in »Alinpach« (1070—1095, B. G.¹, S. 39 u. 47) jenes hohe ‚a' anzunemen sein, welches die Vorbedingung des heutigen »Eilenbach« (spr. *äln*·) ist. Kaum wird das *i* zwischen zwei Liquiden gegen 1100 noch festgehalten worden sein.

¹) Jaffé, »Einharti vita Caroli Magni«, Berolini 1867, S. 50.

²) Für die Verwaltung eines so grossen Reiches war vor allem notwendig, ein gemeinverständliches Datum einzuführen. Die Leute mussten doch in allen Provinzen z. B. wissen, wann die Sendgrafen kommen u. dgl. Mit dem Latein reichte man da nicht aus, die deutschen Monatsnamen werden damals noch sehr unsicher und nach Gegenden total verschieden gewesen sein. Daher Karls einheitliche Monatsbenennung von Rechtswegen.

alemannische Kauderwälsch zuwider gewesen sein und, um da eine
Norm zu schaffen, war vor allem eine Grammatik nötig. Die Spitze
derselben wird wol gegen die nichtfränkischen Dialecte gerichtet
gewesen sein und in Fulda wird man sicherlich Karls »propriam
linguam«, also fränkische Orthographie, gelernt haben. Bei der
Energie Karls ist da ein Erfolg umsoweniger in Abrede zu stellen,
als z. B. die Baiern schon seit der Merowingerzeit gewohnt waren,
den Franken ein politisches und mindestens seit Bonifaz (Mainz)
wol auch geistiges Vorgewicht zuzuerkennen. Falls die Baiern schon
damals ihren a-Umlaut als hohes ‚a‘ sprachen, werden sie also trotzdem oft das fränkische Zeichen e gebraucht haben.

Aufs Latein konnte sich eine derartige Vorschrift nicht er-
strecken. Die lateinischen Namensschreibungen behalten daher ihr
phonetisches ‚a‘: neben »sundarheri« (S. 400, 786), »deothaeri«
(S. 463, 806—814), »camalheri« (O. E. ¹, S. 441, 778—781), »Uuei-
heri« (S. 450, 788—800), »Nozheri« (S. 465, 817—838), »Uuilliheri« (S. 467, 820), ja schon »Paldheri« und »Werinheri« (629 bis
639, S. 439) und »Heri-« an erster Compositionsstelle seit c. 600,
begegnen uns die lateinischen Formen »Kozheri uenit ad Reginharium« (S. 465, 817—838), »Reginharium« und »Regenhario« knapp
neben »Uuilliheri« (S. 467, 820).¹) Das Lateinische schreibt also,
wie wir schon öfter gesehen, phonetisch a, der deutsche Text aber
nach der fränkischen Vorschrift e. Der wirkliche Laut, der beiden
Schreibungen zugrunde lag, war hohes ‚a‘.

Man könnte einwenden, das lateinische -harius habe lediglich
die ältere Form behalten, eine jüngere mit offenem e stehe ihr
im VIII. Jahrh. bereits gegenüber, — und fürs Fränkische wird
das richtig sein. Im Bairischen giebt es eine solche jüngere Form
nicht; denn trotz der fränkischen Herrschaft in der Orthographie
erscheint 768—800 (S. 441) auch blankes »perkhari« »pazhares«
»uuerdhari« und c. 803 (S. 460) »Kisalhari«. Die Namen auf
-harius, »-heri« sind sehr geläufige, und ist da einmal ein Schreib-
usus vorhanden, so wird er dialectisch nur selten durchbrochen. Auch
»-steti« ist so ein geläufiger Ortsdativ (daher »papsteti« S. 454,
796). Aber ganz locale, anderwärts minder bekannte Bezeichnungen
werden einer orthographischen Regel weniger unterliegen, daher

¹) Für jene fernen Zeiten werden wir die Mouillierung, also den zweiten
Umlaut, noch nicht allgemein annemen dürfen; es ist also trotz späterem ‚he'r'
(hia) noch dial. ‚hari‘ zu denken mit hohem ‚a‘.

schriftgerechtem »enchinaha« phonetisches »ankinaha« (S. 460, 803)
und in weiterer Linie »ankilhaol« gegenüberstehen (ebenda). Der Ort
»Schärding« erscheint als »Scardinga« (S. 463, 806). — Sonst
wechselt noch »orandil« (S. 459, 801 oder 802) mit »orendil«; in
den Abh. d. hist. Classe d. bair. Ak. d. Wiss. XII [1] wechselt »Gawio«
»Gaio« »Caio« mit »Geio« »Keio« »Kegio« (Mchb. saec. IX). Der
Herzog Thassilo, der zeitlebens sehr oft als »teſſilo« geschrieben
erscheint (z. B. O. E.[1], S. 1 und 2, 777), müsste nach seinem Tode,
wenn die bisherigen Erklärungen mit dem »Schwanken des Umlautes«
Recht haben, den schon erhaltenen Umlaut wieder einbüssen: »taſſi-
loni« (S. 8 und 9, c. 800).

Hohes ‚a‘ muss ferner zugegeben werden in gewissen Namen,
welche aus verschiedenen Ursachen sicher Umlaut hatten, aber,
weil im Osten längst gebräuchlich, dem fränkischen Zeichen e wider-
standen. So ein Name ist »Acili« »Acilo« »Azelinus«. Im U. St.[1]
erscheint erst c. 1160 ein »Ezil« (S. 410), sonst »Acelinus« »Azi-
linus« »Azelinus« »Acilie« von 1020—1170 (S. 965). In B. G.[1]
kommen seit 975 dreizehn »Azili« »Acili« und ein »Azelinus«, erst
c. 1160 ein »Ezelinus« (S. 206) und c. 1150 ein »Aezil« (S. 181)
vor. Bei Förstemann, I, S. 192, finden wir unter »Azili« »Azzilo«
»Aznla« und »Azilin« in bairischen Schriften E nur in »Ezzilo«
(M. B. a. 762, 778, 806); sonst, soweit bairisch, lauter A. Die
Zusammenstellung R. Müllers (Ver. f. Lk. 1889, S. 35 ff.) lehrt das
Gleiche. Und doch darf man in diesen Namen nicht Umlautslosigkeit,
d. i. tiefes a annemen. Das bezeugen zuerst die paar erwähnten
frühen Schreibungen mit E; die Nachsilbe -il lässt es erwarten, da
ja der Umlaut des ahd. a sonst um diese Zeit schon vorhanden
ist; die gleichzeitigen Schreibungen der abgeleiteten Ortsnamen mit
E (seit 820, Mchb. n. 461 fast ununterbrochen mit E: »Ezzilinga«
»Ezzilinchircha« »Ecelishusan« etc. Förstemann, I, S. 192, und II,
S. 175 f.) geben uns Gewissheit. Ortsnamen wurden eben kanzlei-
mässig nach der orthographischen Vorschrift registriert, — persön-
liche Unterschriften waren vom Willen des Zeichnenden eher abhängig. — Auch der Name »Arin« (Förstemann, I, S. 116 ff.) scheint
sich wie »Acili« zu verhalten. Er kommt mit dem i in Salzburger
Schreibungen des VIII. Jahrh. und in dem Verbrüderungsbuche
von St. Peter im IX. Jahrh. vor. »Arindrud« (ebenda); abgesehen
von diesem i erscheint das A oft in Lautnachbarschaften, durch
welche andere Stämme falschen Umlaut annemen und auch ortho-

graphisch merken lassen: »Arnis« Mchb. saec. XI; »Arnbild« und »Aransuind« (Verbr.-B. v. St. Peter) behalten aber das unveränderte Zeichen A. Trotzdem müssen wir dieses ebensowol für hohes Umlauts-,a' lesen, wie in »Acili«: wir fassen da geradezu das *i* der zweiten Silbe als Lesezeichen dafür auf (s. S. 101, § 44 »Aribo«, die Anmerkung). Wie uns »Arbo« ohne Zwischenvocal begegnet ist, so lesen wir neben Arin auch »Arno« (802 und 804), »Arnus« (Verbr.-B.) und »Arn« (955) und öfter.

Andere Namen erscheinen hingegen fast durchaus mit E; verrathen aber durch gelegentliche Schreibung mit blankem *a*, dass jenes *e* nicht ernst als offenes oder geschlossenes *e*, sondern nur als hohes ,a' zu lesen ist. Hierher gehört der Name »Agio« »Egio« »Ego«; derselbe zeigt bei Förstemann, I, S. 10 f., fast lauter (unmouillierte) *e* oder (mouillierte) *e* + *i*, da ja *g* im Auslaut des Stammes als palataler Reibelaut zu denken ist. Meichelbeck hat daher aus dem IX. Jahrh. »Eigio«, früher aber (VIII. Jahrh.) »Ejo«. Dass mit dem E nur hohes A gemeint ist, ersehen wir indessen aus der Salzburger Schreibung »Agone« (Abl.; Verbr.-B.). Wenn nun gewisse Eigennamen fast stets das Umlautszeichen *e* aufweisen und dasselbe nur durch gelegentliche *a*-Schreibungen als hohes ,a' verrathen, andere Namen wieder bei gleichen grammatischen Vorbedingungen stets das Zeichen *a* haben und nur gelegentlich den Umlaut merken lassen: so lassen sich solche orthographische Erscheinungen nur auf der Basis eines lebenden bairischen Umlautes, der hohes ,a' ist, erklären und vereinbaren. Zwei Strömungen stossen eben aufeinander: eine autochthone, phonetische, und eine fränkische, schulgerechte. Dass aber, wegen des Schwankens der Orthographie, auch der Umlaut von Thassilo bis auf die Münchener »Fliegenden« — schwankende Schreibung kommt auch hier noch vor, und hat durch alle Jahrhunderte ihr Spiel getrieben — »geschwankt« habe: um das zu glauben, muss man wol eine grosse Anhänglichkeit an eingenistete Schulmeinungen haben.

Wenn also hohes ,a' des Umlautes nicht immer mit *œ* oder *e* gekennzeichnet werden musste, vielmehr das *i* der Nachsilbe als ein zwar nicht eigens hiezu bestellter, sondern sich von selbst darbietender Lesebehelf das hohe ,a' der Stammsilbe errathen lassen konnte, dann ist R. Müller (Ver. f. Lk. 1888, S. 74) nicht berechtigt, in »agira« c. 810 »agira« c. 824, trotz »agra« 823 und 1061 den ersten Umlaut zu leugnen (heute »Ager«, 1103 »aegre«). Ebenso kann dem »mɑninſeo« (Ende des VIII. Jahrh., O. E.[1], S. 5 ff.), der Schreibung wegen, immerhin hohes *a*, das sich in späterem »mænse« zeigt, nicht abgesprochen werden.

Wenn das *i* der Nachsilben wirklich diese secundäre Bedeutung als Lesebehelf hatte, so konnte man es, als es in den Nachsilben aufhörte, auch in Form eines Striches über das *a* setzen. So finden wir 777 (O. E.[1], S. 2) »*á*go« und 800 (S. 4) »*á*rn« geschrieben für obiges »Agio« (»Ego«) und »Arin«. Ganz vorübergehend tritt also das Zeichen *á* für hohes ,a‘ schon im VIII. Jahrh. auf; im XII. Jahrh. haben wir es wieder bei »Valchen*á*r« und im XIII. Jahrh. bei den Ungarn begegnet (S. 52 u. 99). **Deutlicher kann sich das hohe ,a‘ des Umlautes unter Thassilo und Karl nicht mehr bemerkbar machen.** — Und so mag auch die Schreibung *ai* mit danebengestelltem *i* (= mhd. ä oder hohem bairischem ,a‘) später durch die babenbergische Aussprache ,a‘ = altem echten *ai*, *ei* gestützt worden sein.

Würden so frühzeitig, bevor echtes *ei* bei den Herrischen, besonders seit dem Baben- und Nürnberger Einfluss als ,a‘ klang, Verwechslungen zwischen dem *a*-Umlaut und dem Zeichen *ai* vorkommen, dann wäre ich geneigt, auch das *i* des letzteren Diphthongen als ein ähnliches Lesezeichen zu betrachten, wie das in *á*go und *á*rn, nur dass das *i* nicht darüber, sondern daneben gesetzt wäre.

Eine kurze Besprechung erheischt noch der schon § 43 und § 44 und oben mit »Eigio« nochmals angeregte Vorgang der Mouillierung. Derselbe setzt hohes ,a‘ der Stammsilbe schon voraus, das *i* der Nachsilbe dringt durch einen wenig energisch articulierten Consonanten, besonders wenn er dem *j* verwandt ist, in die Stammsilbe vor und verbindet sich mit ,a‘ zu ,ai‘ (geschrieben *ei* = *e* + *i*). Ein geeigneter, vom *i* leicht zu durchsetzender Consonant ist das alte *g* nach Vocalen: ausgesprochen jedenfalls als *j* (palatal) oder weiches *ch*, *gh* (gutturaler Reibelaut). Wie der Wechsel zwischen »Pagiri« (Weinh. § 39, S. 52) und »Pejariu« 774, »Pegirin« 824 (Weinh. § 45, S. 56) zeigt, enthält die erste Silbe hohes ,a‘, das *g* ist ein palataler tönender Reibelaut; das *i* der Nachsilbe dringt in die Stammsilbe: »Peigiri« (schon 770; Abh. d. bair. Akad. d. W. XII[1]). Dieses neue ,ai‘ war vielleicht zeitlich genug entstanden, um mit dem älteren ahd. *ei* die weiteren Geschicke zu teilen. [,Bär‘ herrisch; ,Boir‘ nach Aventin und ,Bóär‘ bäurisch.] — Im Namen des heutigen Ortes »Bachenhausen«, der alt »Pehhin« oder »Pahhinhusir« heissen sollte, aber (Abh. d. bair. Ak. d. W., III Cl., XII[1], S. 266) vor

811 »Peihhinhusir« gescbrieben wird, wäre die Mouillierung wieder
rückgängig geworden. In »Epininga« (l. c. S. 254, vor 811), das
‚ab(i)ningà' zu lesen ist, wurde zunächst das *n* zu *l*, wie so oft und
früh in bairischen Denkmälern; ‚ab(i)linga' wurde durch »Mouillierung« zu ‚niblinga', Aibling. Im gleichzeitigen »Albinsvelt« (auch
»Alpunesvelt«) hat das *i* bloss einfachen Umlaut bewirkt: ‚allbns-
välld' ‚àllmsvälld' ‚âmsvälld' ‚â'svälld' ‚a⁻zvälld', Anzfelden (l. c. S. 246).
Wie »ankilperht« (O. E.¹, S. 443, 774—804) und »angilperht«
(S. 444, 786; S. 465, c. 817) gegenüber »Engildeo« (S. 443, 782)
beweist, hat der erste Wortbestandteil hohes ‚a' in der Anfangssilbe.
Das »nk« wird noch den Resonanten und den Verschlusslaut unterscheiden wollen; das »ng« wird aber unser palataler Resonant ‚ŋ'
sein, der mit *i* die Verwandtschaft einer gleichen Articulationsstelle
hat; das *i* dringt daher in die Stammsilbe: »Eingilperht« (S. 452,
789), ein sehr früher Anfang des ein Jahrhundert später erst weiter
um sich greifenden zweiten Umlautes (§ 43). — In vereinzeltem
»Enisa« 791 unter mehreren »Anisa« (Ver. f. Lk. 1885, S. 7) muss
wegen des in § 43 behandelten Schreibwechsels Mouillierung noch
nicht angenommen werden: das *n* ist dem *i* eben nicht so verwandt,
als das ‚ŋ'.

Wie die angeführten Fälle nahelegen, ist die Mouillierung meist
nur facultativ.

§ 46. Wir sind nun so ziemlich bis an die Grenze alles
deutschen Schrifttums hinaufgelangt; vom bairisch-österreichischen
hohen ‚a' des »ersten Umlautes« haben wir uns aber noch immer
nicht trennen müssen. Über dessen noch frühere Geschicke fehlen
uns die Thatsachen und wir sind auf blosse Vermutungen ange-
wiesen. Am wahrscheinlichsten und mit den neueren Resultaten der
Sprachforschung verträglichsten ist folgende Theorie. Gleichwie wir
jetzt nicht annemen, schon vorhandene Laute *i* und *u* seien in
e und *o* durch folgendes *a* gebrochen, sondern ursprüngliches *a* sei
in seinen beiden Färbungen durch ein *a* der Nachsilbe bei *e* und *o*
aufgehalten worden: so ähnlich sagen wir, sei *a* bei seiner früben
bairischen Verdumpfung (in à) durch nachfolgendes *i* zurückgehalten
und vollständig beim alten Lautwert erhalten worden. So gut wie ein
mittlerer Laut der Nachsilbe, ein *a*, nach der Mitte zieht, so gut
und noch mehr kann ein extremer Laut nach seiner Seite ziehen.
Das ist natürlich alles bildlich ausgedrückt und geht auf das
physiologische Princip zurück, dass minder verschiedene Vocale

leichter hintereinander zu erzeugen sind als mehr verschiedene. — Darnach wäre der »echte« erste Umlaut eigentlich kein Umlaut, überhaupt keine Veränderung: das damals, zur Zeit der *a*-Verdumpfung, vorhandene *i* hätte das damals vorhandene *a* conserviert. Wenn aber ein *a* schon verdumpft war, weil es keinen Vocal oder einen anderen als *i* in der Nachsilbe hatte, und später durch unechtes *i* oder durch Analogie öfter das bereits dumpfe *a* wieder erhöht wurde, so entstand »unechter Umlaut«. Aber gerade der »unechte« ist ein wirklicher Umlaut, denn er enthält eine, und zwar doppelte Veränderung vorwärts zur Verdumpfung und wieder zurück.[1])

Es müssen also in jener Zeit, wo der bairisch-österreichische Dialect noch nicht seine vielen Diphthonge entwickelt hatte, nach dem Beispiele des Alemannischen (Winteler, KM., S. 105) desto mehr einfache Vocale abgestuft neben einander bestanden haben: nämlich, um nur die I-Seite zu erwähnen: a, a^e, e^a (geschl. e) i. Das a war »Umlaut« von dumpfem $\hbar$; a^e = goth. $\acute{a}i$, ahd. ei; das e^a = ahd. mhd. $\ddot{e}$; geschl. e ist mindestens in der späteren Phase des ahd. ea ($>ia>ie$) anzunemen; und i. Verwechslungen waren da immerhin möglich, wenn auch deren geringe Zahl die damalige strenge Gesetzmässigkeit erkennen lässt. Zuerst wurden wol a^e und a verwechselt: denn es ist nicht nur die Möglichkeit bei der Nähe beider Laute von vorneherein grösser, sondern es sind auch thatsächlich von dieser Art des Tausches einige Beispiele sogar in der Bauernsprache erhalten: ,nā`^e` ,állv` ,áñ` ,ádák`l`. Ortsnamen wie ,Stoa^n mássl` (§ 2). Als der »herrische« Dialect durch Babenbergischen Einfluss alle $a^e$ (= $ei$) in ,a` herabgedrückt, der Bauerndialect aber das a^e, um dieser Fusion vorzubeugen, zunächst in $\grave{a}i$, oi wieder ausgeweitet hatte, das geschl. e (im ea) aber schon vorher zu $i[a$, $i[e$ geworden war, da nam das e^a allein den ganzen Raum zwischen a und i ein, stand aber dem a näher als dem i. Bevor es noch in das heutige streng mittlere ,e` unserer Mundart einrückte, dürften

---

[1]) Dieser häufige unechte Umlaut (hohes ,a`), der fast durchgehends erst nach dem zweiten Umlaute (eï; Epenthese) eintrat, fällt mit Kauffmann's zweiten (schwäb.) Umlaut zusammen, so dass sich sein erster mit meinem zweiten deckt, und ich vor seinem ersten (geschl. e = meinem eï) erst meinen ersten setze (echtes hohes a). Dies schon deshalb, weil sich jene ältesten später verschwindenden Umlaute in *henin*, *nœmin* etc., die doch sicher nicht junge Bildungen sein können, als bairische hohe ,a` erweisen.

noch die paar Verwechslungen stattgefunden haben, die wir noch heute in unserer Mundart haben. Das mhd. Wort *kever*, Käfer, hat von rechtswegen *ë*, offenes, also heute mittleres ‚o‘, die Aussprache ‚khêvà‘ (Graz), Nebf. ‚khëàvà‘ (Kärnten) mit dem gewissen Nachschlage ist die zunächst berechtigte; durch Epenthese entstand aus *kevir* (*khêvà*) die weitere Form ‚khêivà‘ (R-ûnàd). Wenn aber das e^a (= *ë*, *kever*) vor dem Übergang zum mittleren ‚e‘ mit *a* verwechselt wurde, so entstand ‚khàvà‘ (Oberösterr.). Durch dieselbe Verwechslung entstand auch aus -*hëlm* unser öfter erwähntes -*halmus*, aus *herre got* unser interjectionelles ‚hàrkôud‘ (s. § 60). Auch umgekehrt wurde *a* durch Vertauschung zu e^a und mit diesem zu mittlerem ‚e‘: ‚khà'l‘ (Oberösterr.), ist, mit »Karl« (»Karol« »Karil«?) verglichen, die einzig mögliche, unecht umgelautete Form; in Niederösterreich aber sagt man ‚khûâl‘, auf dem Lande mit älterer Form ‚khê'l‘, Formen, die auf ein *ë* weisen würden.

III. *a* = mhd. *ou*, *öu*, *û*, *î*.
(Vor Labiallauten und *l*.)

§ 47. Eine Reihe von secundären hohen ‚a‘ entsteht dadurch, dass aus den Diphthongen *au* und *ai* der zweite Bestandteil durch Wirkung der folgenden Consonanz verschwindet und somit hohes a allein übrig bleibt. Im ahd. Dativ *pauma*, *paume* (*poume* dürfte auf bairischem Gebiete wol niemals gesprochen, sondern nur, solange es Mode war, geschrieben worden sein) wurde die labiale *u*-Articulation von der ebenfalls labialen *m*-Articulation aufgenommen und war selbständig nicht mehr hörbar: daraus unser heutiges bairisches *pam*, *bam*.

Aber nur das echte alte *au* geht vor allen Labialen und — da dem *u* lautphysiologisch auch Hintergaumenarticulation zukommt — vor dem Hintergaumenlaute *ch* in das hohe a über: *laub*: ‚làw‘ *urlaub*: ‚nàla‘; *kaufen*:, khàffm‘; *raufen*: ‚ràffm‘; *taufe*: ‚tàff‘; *auch*: .à‘; *rauch*: ‚ràch‘ (bei Rosegger). Hingegen hat das neue *au* (aus ahd. û) diesen Process nur vor *m*, nicht aber vor den anderen Consonanten mitgemacht: *stûb*: ‚tàûw‘; *hûbe*: ‚haûü.‘; *tûbe*: ‚taûü‘; *sûfen*: ‚saûffä‘; *ûfgên*: ‚nûvgai‘ (allerdings oberösterr. ‚àv‘); *bâch*; ‚bau‘; *brûch*: ‚brau‘ etc. Vor *m* finden wir aber: *dûme*: ‚dàm‘; *kûme*: ‚khàmp‘; *sûmen*: ‚sàmä‘; *rûmen*: ‚ràmä‘.

Wenn ich diesen auffälligen Gegensatz zwischen *au* und *û* recht deute, so fällt der Process der u-Absorption hinein in den Process der Diphthongierung *û*>‚au' und hat früher als dieser letztere wieder aufgehört. Sagen wir, der Process *û*>‚au' hätte mit *û* vor *m* begonnen: denn die Thatsache wird jeder Dialectforscher bestätigen, dass allgemeine Lautwandlungen zunächst nur in gewisser lautlicher Umgebung begonnen haben; und gerade vor dem tönenden, summenden Lippen-*m* mochte das dumpfe *û* zu allernächst einen hellen Vorschlag (also ·*ûm*) bedurft haben, um dem *m* gegenüber deutlich hörbar zu sein; so entstand also aus (*s*)*ûm* früher ein ‚(*s*)*aum*' denn aus (*s*)*ûf* ein ‚(*s*)auf' etc.

War aber der Process der u-Absorption nur bis zum Wandel *ûm*>‚aum' thätig, so konnten die späteren ‚au'<*û* ihr *u* nicht mehr einbüssen, wenngleich die neuen ‚au' in der nämlichen lautlichen Umgebung standen, wie während der Wirksamkeit dieses Processes die alten *au*. Damit rückt uns aber unser Gesetz bis in die Zeit der Diphthongierung von *û*>*au* hinauf, also nach Weinh. B. Gr. § 70 bis ins XII. Jahrhundert.[1]) Es handelt sich nun im Folgenden um die nötigen Belege. Eines muss noch früher betont werden. Der Umlaut von *û* und *au* ist im Bairischen erst nach der Diphthongierung *û*>‚au' eingetreten: denn nur dann ist es erklärlich, warum die alten mhd. *iu*(<*eu*) im Bairischen ‚eu'>,oi'>,ui' lauten und von jüngerem mhd. *iu* (Uml. v. *û*), welches bairisch ‚ai' lautet, scharf geschieden sind. Die *u*-Absorption (also ‚a'<*ou*, *û*) ist demnach bei den angeführten Wörtern älter als der Umlaut: hohes ‚a' kann aber nach dem Symmetriegesetze (Rönàd, I, S. 11) später einen (echten oder analogen) Umlaut nicht mehr annemen, während ‚au' nach demselben Gesetze (§ 9, S. 13) den Umlaut ‚ai' hat; also ‚bäm' sing. (Baum), und ‚bäm' pl. ‚bäml' dem.; ‚trᴀm' sing. (Traum) und ‚trᴀm' pl.; ‚väsᴀmᴀ' == *versûmen* oder »versäumen«; hingegen ‚haûᴀ' (Haube) und ‚haiwᴀl' (Häublein), ‚taûᴀ' (Taube) und ‚taiwᴀl' (Täublein).[2]) — Von ‚frau' ‚hau‾' heissen die umgelauteten

---

[1]) In jener Zeit, wo das *w* noch als Halbvocal (*ŭ*, geschrieben *uu*) gesprochen wurde, ist es daher begreiflich, dass vor solchem *uu* das *u* des Diphthongs nicht wie vor anderen Labialen verschwinden konnte, weil es aus dem *uu* immer wieder nachwuchs; daher ist *frauue*, *auue*, *hauuen*, *schauuen* bis heute als ‚frau', ‚au', ‚hau‾' ‚chau‾' (nach Abfall des *w*) geblieben. — Auffällig ist nur das Adjectiv ‚mülltâwi' (<*militauṇc*) neben dem Subst. stn. ‚tafiw'.

[2]) Das Wort ‚lauf' ist wie ‚glaum' (glauben), ‚vᴀlnuw' erst aus der nhd. Schrift aufgenommen worden statt des älteren ‚läv' (vrb. ‚läffᴀ', steir. ‚lävm²'),

Formen ‚frǎllǎ‘ (<‚fraîlǎ‘, Fräulein), ‚haî‘ (Heu) und ausserdem ‚itraî·
zu mhd. *ströuwen.*

§ 48. Im XVIII. Jahrhundert, wissen wir, ist bei Lindemayr
(l. c.) mit »ä« hohes ‚a‘ gemeint: »Däm« (S. 21) »käm« »Zäm«
(S. 22), »s' Räffen« »käffen« (S. 26), »käm« (S. 27), »dämisch«
»küm« (S. 38), »lüffts« (S. 42, 43), »grafft« (S. 46), »Urlä« (S. 62),
»Träm« (S. 65, 66, 67), »läffen« »käffen« (S. 77), »Täf« (S. 91, 96),
»ü« (S. 147, 168) für *düme, küme, zaum, 'z raufen, kaufen,* *taumisch*
(taum), laufet, urlaub, traum, taufe, auch; plur. »Bämä« (S. 192) für
boume, ‚bämä‘. Hingegen »Haubn« (S. 31), »Schaubn« (S. 34), »drauf«
(S. 76), »saubri« (S. 81), »sauffät« (S. 152) für *hûbe, schûbe, dar ûf,*
ûberiu, sûfete etc. Selbstverständlich auch »Frau« (S. 50), »haut«
(S. 82), »schauts« (S. 106) wegen *-auw.* — Aus Ö. W.⁶ (1740) ziehe
ich nur »feihtpämblein« (S. 374) für ‚faîchd-bâml‘ Fichtenbäumlein
an (neben »fähler« »stämbl« »mätterei«).

§ 49. Aus dem XVII. Jahrh. führen wir zunächst wieder das
Hausbuch der Stampferin (§ 9 und § 37) vor: sie schreibt 1677
»fraudäfft« (= notgetauft, von der Hebamme), 1666 »khäfft«, 1679
»khäfft«, 1680 »däfft« (= getauft; aber ehrerbietig hochdeutsch
»heilige Dauf«, »Dauf«), Rosegger, Heimg. XIV, S. 450 f., 454, 456. —
In E. O. 1686 finden wir Zeile 13, 16, 29, 37 »ä« = auch, Z. 16
»grafft« = gerauft; dass solche »ä« wie hohes a zu lesen sind,
bezeugt neben den gleichen Schreibungen dieser Quellen für die
Geltungen in I. und II. noch die ausdrückliche Angabe des Casp.
Scioppius (C., S. 322) aus 1626, dass die Baiern »Aaa« pro »Auch«
sprechen; ein »holtzpierpämb« erscheint zweimal in Ar. 25, S. 138
(c. 1630), ein »sämlsteig« (Saumsteig) in Ö. W.⁶ aus dem XVII. Jahrh.;
ebenda S. 67, 36 »gadenpäm«; S. 466 ein auffälliges »gä« =
[Ge]gäu, was nicht gemeinbairischem »gai« »hai« etc. (siehe oben),
sondern dem selteneren ‚gä‘ ‚hä‘ (Schm.-Fromm., b. Wb. I, Sp. 853
und 1028) entspricht. Die Zeit der zwei letztgenannten Belege
kann ich augenblicklich nicht fixieren. — In B. XII. U, S. 165, ist
eine Form »Strä« (1672) wegen Schm.-Fromm. II, S. 801 f., ebenso
wie »gä« zu deuten; daneben eine bairische Form ‚itraî‘, wie ‚gaî‘
und ‚haî‘.

‚gläm‘ (noch bei Seidl, Flinserln, Gedichte in n.-ö. Mundart, 1844, S. 251 u. 301;
ferner Pogatschnigg und Herrmann, Deutsche Volksl. aus Kärnten, I, S. 166,
»Glabn« aus Unterkärnten, »glabst« aus der Klagenfurter Ebene), »Urlä« = ‚urlä‘
(Lindem., S. 62). Daher auch die Umlautsformen ‚laîff‘ ‚laîffl‘ ‚kaîfkglaîwi‘ u. dgl.

§ 50. Fürs XVI. Jahrh. mögen wieder die §§ 10 und 38 verglichen werden. Für ahd. *au* wird wiederholt blankes *a* geschrieben: »urlab« (Ö. W.⁷, S. 14 ff.); 1584 »zum grundtbuch laffen« (reimt fürs Auge auf »straffen« punire, wo jedoch d u m p f e s *a* gesprochen wird; K², S. VI); c. 1548 »kamet« = kaum, dial. ‚khamp‘ (Chr. S. 134; vgl. ‚neāmp‘ ‚neāmt‘ und ‚neāmāad‘, niemet, niemets etc. = niemand); c. 1548 »urlab« (S. 148 neben brach = brüche?, S. 171); gleichzeitig »rappen« (für Raupen, S. 144) und »samer« (für Saumer, S. 213), ersteres Wort wol nur unter falsch-analoger Umbildung ins Oberd. aufgenommen; ob »affurtag« (S. 25) ein Schreibfehler für »aufferttag« ist oder ob das *a* auf oberöusterr. ‚āv‘ = »auf« hinweist, kann ich nicht entscheiden. In Ar., S. 75, findet sich 1504 »mit Samrossen« (neben zweimaligem »tading« derselben Urkunde S. 66); hingegen schreibt Herberstein (IIe, S. 347) für ein anderes hohes *a* (= Uml. von »a«; *daz, brem*, Hildebr.) fälschlich ein *au* (»verpraumbt«), weil er eben weiss, dass sonst dial. ‚a‘ oft in hd. *au* aufzubessern ist; daneben »verprämbt« und S. 348 »verprambt« mit blankem *a*.

Mit »ü« wird der nämliche Laut von Herberstein wiederholt geschrieben: »Schnitzpümer« ad 1519 (He, S. 185 = Schnitzpaumer, Eigenn.) neben »wildprüt« »gäb's«; »Pämb« S. 272; »Pümb« = Bäume, S. 272; es scheint sich überhaupt ein Schreibgebrauch halb herausgebildet zu haben, demzufolge man den Singular ‚bam‘ nach der Schrifttradition mit »Paumb« »paum«, den gleichlautenden Plural aber mit »Pümb« oder »Päm« schrieb: »Sägelpämen« ¹) ad 1519 (He, S. 191); auch sonst findet sich (in Ö. W.⁷, S. 41) aus der ersten Hälfte des XVI. Jahrh. ein Plural »pämb«. Zu einer durchgreifenden Consequenz ist jedoch dieser Schreibgebrauch nicht gekommen (He, S. 186 ad 1519: »die Segelpaumb«) und hat darauf wegen ahd. pl. *pauma*, mhd. *boume* und wegen dial. (sing. = plur.) ‚bām‘ auch gar kein historisches Anrecht.

Die dialectische Gleichheit der umgelauteten und nichtumgelauteten *au* (als ‚a‘) ist wol Ursache, dass 1590 (Sti. XVII, S.. 426) das sonst nicht oberdeutsche »geleuben« für »glauben« erscheint. Eine gewaltsame, bloss orthographische Pluralbildung bedeutet 1591 »saimb« (»zwelf saimb« »vier saimb«, St. XVII, S. 465); die ge-

---

¹) Das erste ä ist, weil Herberstein sonst ausnamslos »Segel« schreibt, entweder ein Schreibfehler durch den Gedanken an das folgende ä, oder He. hat »Sägel« für »Segel« auf seinen Reisen im Norden gehört.

meinsame Dialectform für Plur. und Sing. lautet eben ,sâm'; daher
auch »Saimer« neben »Sämer« (Peter) als Eigenname 1588 (W.,
S. 301), statt »Saumer«.

Ein »ä« oder »e« erscheint sonst noch für altes *au* 1573 in
»chefft« (= kaufte, Chr. 386; das Original aus 1400); 1593 in
»weitleffig« (Sti. XVII, S. 487); vor 1515 in »nuspemmer« (= Nussbaumer, Eigenn., NP, S. 560); für altes *û* vor m 1591 in »käm«
(Sti. XVII, S. 456, neben »pätter« für Pater); 1563 »die zwen
Tämen« (für »Daumen«, Ar. 25, S. 45); auch das § 10 erwähnte
»Läbach« (1597) aus slav. *Lubigana* gehört hieher. In den Formen
»hei« »strei« (Sti. XVII, S. 465, aus 1591) schliessen sich die
Wittelsbacher Briefe an das allgemein bairische ,hai' ,strai', nicht
an die obencitierten Formen ,hä' ,strä' an. Die Schreibung der Drau
(Vn. 136 »t r ä a«, spr. trä) muss wegen der alten Form »Trahe«
anderweitig behandelt werden.

§ 51. Zum XV. Jahrh. sind §§ 11 und 39 zu vergleichen.
Mit blankem a wurde das hohe ,a' geschrieben in »Pamkircher«
(1461, C. W., S. 266); 1483 »tab« (Schm., b. Gr. S. 44, wo auch
»erlaben«); zeitlich nicht genau fixieren kann ich »kam« = kaum
(Ha, 121); einen Augenreim mit »schamen«, welches wenigstens
heute, freilich als Intransitivum, allgemein unumgelautetes dumpfes
â hat, bildet »gamen« = *goumen* (Ku, Ak. W. LXXXVIII, S. 831);
der Name »panngartner« (1480—1493; N. P., S. 567) kann —
obwol schwerlich — auf »Banngartner« gedeutet werden oder vielleicht auch »paungartner« zu lesen sein; so aber, wie das Wort im
Druck erscheint, wäre »panngartner« für »poungartner«, d. i. »poumgartner« eingetreten. Aufmerksamkeit verdient die Schreibung »edelpawam« 1481 (H, S. 346) für »Erlbaum«. — Durch begreifliche
Verwechslung, respective falsche Reconstruction steht auch in der
Schrift au für sonstiges hohes ,a': »Maumaw« wechselt mit »Mamaw«
(Ö. W.⁷, S. 362 und S. 354). Dial. ,lampl' »Lämmlein« erscheint in
einem spätestens dem XV. Jahrh. angehörigen Vocab. (Wh., B. Gr.,
§ 71) als »lavmlein« und wenn »Napf« (sowie heute »Karpf«
»Harfe«) mit unechtem hohen ,a' gesprochen wurde, ist »naupff«
derselben Quelle ebenso zu deuten. — Etliche »a« für au erbringt
auch Wh., B. Gr., § 40.

Dass für hohes ,a' (<au) auch »e« und »ä« geschrieben
wurde, hat Weinhold, 1. c. §§ 44 und 45, registriert, allerdings den
zugrundeliegenden Sachverhalt dabei nicht erkannt. Auch Schm.,

Gr. § 178, Anm. (S. 44) zählt eine Reihe einschlägiger Beispiele auf. Hieran reihen sich uns noch 1480 ein ›rembt‹ = räumt (zweimal Ö. W.⁷, S. 92), ein ›leffen‹ = laufen (ebenda) neben ›lest‹ = Lindem. ›läst‹, d. i. ‚läft‘, sinit; der Ort ›Ge-brechtsdorf‹, ›Geubreinstorf‹ (2. Hälfte des XIV. Jahrh.), später ›Geupersdorf‹, heute ›Gabersdorf‹ mit hohem ‚a‘ lautend, wurde 1473 wieder ›Gepplatorf‹ geschrieben (ZO, S. 198). Der Eigenname ›Baumkircher‹, welcher oben aus 1461 mit *a* citiert wurde, erscheint in derselben Quelle (C. W., S. 254, 260, 261) und in demselben Jahre dreimal als ›Pemkircher‹ und wird im Register als Name einer und derselben Person aus gewiesen: *a* und *e* wechseln in C. W., S. 28, 1456, und S. 275, 1461, auch im Namen ›Pangracz‹ ›Pangrecz‹ bei einem ganz andern hohen ‚a‘. 1457 ein ›Pémkircher (Anndre)‹ neben ›Senegk‹ in Ar. 11, S. 149 und 148, also mit dem charakteristischen *ë* = hohem ‚a‘ (§ 11). In C. W. 1454, S. 11, noch ein ›Zëmstrikcher‹ = Zaumstr., und 1456, S. 21, ein ›kämb‹ = *küme*. — Verwechslung des gleichlautenden dialectischen Singulars und Plurals liegt vor in ›beimast‹ (Eigenn., nach 1457, N. P., 608, am letzten Monatstage); auch kann man wegen § 11 solches *ei* d i r e c t auf hohes ‚a‘ deuten. Michel Behaim schreibt 1462 ›Zwetel und *ach* laa‹ (›ach‹ für ›auch‹, Ver. f. Lk. 1887, S. 104).

§ 52. Die Paragraphen 12 und 40 sind fürs XIV. Jahrhundert in vergleichsweise Erinnerung zu bringen. Weinholds Beispiele (§ 40, S. 52, § 44, S. 56, und § 45, S. 57) stützen sich zum Teile auf Augenreime, bedürften also noch einer näheren Untersuchung, auf die ich mich hier nicht einlassen kann. Viele derselben sind entschieden beweisend, so ›urlaub‹ : ›gâb‹ (conj.), ›boum‹ : ›châm‹ (conj.) u. dgl. Schmellers (Gr., S. 44) ›Cascaffl‹ = Käskäufer 1370 erbringt das blanke *a* ebenso deutlich wie Weinholds ›rachvankch‹ 1381 oder ›weyrach‹. — Den Reim *gæb: urlæb* haben wir auch noch aus einer anderen Quelle als Weinhold fürs XIV. Jahrhundert, erste Hälfte, belegt und von einer Schreibung *gœstlichen* begleitet gesehen (§ 12). Der Ort *Laab* unweit Purkersdorf bei Wien (im älteren Dialect ‚lā‘) wird 1188 ›de loupa‹, 1158 ›in Laup‹ etc., 1352 aber ›daez Læb‹ geschrieben; ein latinisierendes ›Lab in sylva‹ erbringt das blanke ‚a‘ (Ver. f. Lk. 1887, S. 111 ff.); aus 1305 (A., S. 109) begegnet ein ›vercheft‹ = verchauft. — Es tritt auch mitunter falsche Reconstruction ein: ein anderes hohes ‚a‘ wird in der Schrift fälschlich durch (*au* oder dessen Umlaut) *eu* wieder-

gegeben: dinl. „ȫ͞läft' = »elft« erscheint als »aindleuft« (O. E. ',
S. 109, XIV. Jahrh.?); der Ort Gatschberg, der sonst immer mit
blankem a, oder ä, e oder å im ersten Stamme erscheint, wird wegen
des gesprochenen hohen „a' 1350 »Geutschberg« geschrieben (Z. O.,
S. 199); ebenso hat der Ort Graschnitz sonst immer a, e oder å im
ersten Bestandteile, wird aber 1351 »Greuschentz« gezeichnet (Z. O.,
S. 228). Bei Gaisfeld muss die heutige Bauernaussprache („Gaisvülld'?
oder „Gāsvülld'?) entscheiden, ob die alten Schreibungen mit »Gevs-
felt« »Geusfelte« oder aber mit »Gåsveld« »Gåsveld« im Rechte
sind. Eine Verwechslung hat in der Schrift jedenfalls stattgefunden;
wird, wie ich vermute, „Gäsvülld' gesprochen (blankes „a' erscheint
1329 und 1487), so ist dafür bis 1318 falschanaloges »Geusveld«
eingetreten (Z. O., S. 198). — Gaibüchel (S. 199) erscheint sonst
als »Gewpuchel« »Gewpůchl«, 1390 aber als »Gaepuhel«; damit ist
für »[Ge]gaü« wieder jene seltenere Form „gä' erwiesen, welche
uns für gemeinbairisches „gaí' ebensowol begegnet ist, wie für „haí'
(Heu) ein „ha' (Chr., S. 398, c. 1350—1400: »hae«, zweimal).

§ 53. Fürs XIII. Jahrh. werden die Belege bereits sehr
selten; Weinh. § 40 bringt nur Augenreime als Belege und gründet
darauf die Ansicht, dass „a'<au fürs XIII. Jahrh., zweite Hälfte, mit
Sicherheit nachzuweisen sei; jedenfalls hat man damals noch den
jungen dialectischen Vorgang „a'<au als solchen viel deutlicher
empfunden und daher von der Schrift energischer ferngehalten als
später; zu denken giebt 1208 »tres sagmas« für sonstiges sauma,
souma, saugma, doch kann g in w>u übergegangen sein, obwol mir
die Assimilation gm>m und Deutung des hohen lat. „a' auf au ebenso
wahrscheinlich vorkommt. Wann für Toupbezze 1232 (heute Taubitz
bei Krems) »Dabitz« geschrieben worden ist, kann ich augenblicklich
nicht bestimmen: wol viel später (Km. 173). Ein sicherer Beleg ist
1290 »verchafphen« = verkaufen (S., S. 109) mit blankem „a'. Trotz
dieser wenig zahlreichen Belege geht aber „a'<au zweifellos aus der
schon öfter beobachteten Erscheinung hervor, dass Grundlaut au
und Umlaut äu (öu, oi) wegen des gemeinsamen Dialectwertes „a'
verwechselt werden: »der trevm« (Z., S. 7) = Traum, während
Z., S. 9, »traump« steht. So wird »Tau-Leite« 1300 »toílcit« (Ver.
f. Lk. 1887, S. 123), »Poïngarten« 1219 (l. c., S. 12 f.), »Herloích«
für Herilouc, ja sogar grundfalsch »Roichenruthe« 1208 für sonstiges
»Racensruta« (Ver. f. Lk. XXIII, S. 406) geschrieben. Und l. c.
erscheint ein »Röchelînesdorf« im Cod. austr. fris. statt »Räkleins-

8*

dorf‹, heute **R a s d o r f** mit hohem ‚a‘: nachdem uns Umlaut-›å‹ als hohes ‚a‘ fürs XIII. Jahrhundert schon bekannt ist, kann eine Schreibung mit *ou* für ‚å‘ nur bedeuten, dass der Dialect für *ou* hohes ‚a‘ sprach; daher für den Ort **H a s b a c h** mit hohem ‚a‘ im ersten Bestandteile (‚Håsbô‘) neben sonstigem ›Habspach‹ ›Hawspach‹ mit blankem ‚a‘ 1229 ein ›Hôchspach‹ ¹) (Orig.) und 1246 ein ›Hovspach‹ wol irrtümlich geschrieben wird (U. St.¹, S. 361 und S. 582).

§ 54. N o c h mehr aus der Schrift verpönt, weil n o c h jünger, wird der Dialectvorgang ‚a‘<*au* im XII. Jahrhundert gewesen sein. Blankes *a* finde ich nur im Namen des heutigen **B a u m b u r g** bei Trostberg in Oberbaiern: 925 ›ad Poumpurch‹, 1163 ›de Pômburg‹ geschrieben, erscheint er c. 1160 in der Verbindung ›Pambiriensis ecclesie‹, zugleich als Beweis, dass ›burch‹ bereits den Umlaut (zu *i* verdünnt) auswies (U. St.¹, S. 18, 442 und 404).

Der Ort ‚Rablå‘ (R a m p l a c h) bei Neunkirchen in N.-Ö., wol von *râmil-aha* (räumende, räumelnde Ache)²) abzuleiten und mit *gumpilaha*, hüpfende Ache, zu vergleichen, wird 1130 ›ramla‹ (O. E.¹, S. 632), im nämlichen Jahre (S. 717) ›ramela‹ geschrieben; dass dieses *a* nicht mit Unrecht als Fehlschreibung angesehen wird, beweist die ebenso eitle Variation ›Reimla‹ 1150 (S. 302) und die noch seltsamere Schreibung ›roempla‹ 1140 (S. 649). Mitunterzeichner aus den nahen Orten ›Flaeze‹, ›tanna‹, ›Craneberch‹, ›Nedefpach‹ (Megingoz), ›Syrnicke‹, ›Luitprandesdorf‹, ›Puschingen‹, ›Lanzenchirichen‹ etc. bezeugen die Identität obiger Schreibungen: *ei* für ‚a‘ ist uns bekannt (I, §§ 13 und 14); *oe* als dialectisches hohes ‚a‘ ist uns § 33 und § 41 (gegen Ende: ›œzesberg‹ = *Azzilinesperc, Ezzelinesberc*, A t z e l s b e r g) begegnet und nach der Umlautsgleichung *ao + i* bei Verdrängung des Nachschlages *o* gewiss eine alte Umlauterscheinung ³): in ›roempla‹ fälschlich hineingedeutet. Sehr zahlreich und nur aus dem gleichen Werte ‚a‘ für Grundlaut *au*

---

¹) Vgl. umgekehrt ‚a‘ — mhd. *ouch*.

²) Vgl. ‚di bôsdôd râmâ‘ = das Bett räumen, vertiefen.

³) Vgl. noch § 58 (Gal) u. Anm. Aus *a + i* (*Blaozili, *Blåzili) erklärt sich dann auch durch Vordringen des *i* der Laut *ai*, *åi* für *œ* (*naoljan, *nåtin, *naitin, *nåtin) und die Gleichwertigkeit solcher mhd. *œ* mit nhd. *ê* (*ki*). Aus *å* wird *ê* (geschlossenes *e*) und mittleres *e* in verschiedenen Dialecten für mhd. *œ* wie für mhd. *ê*. — Eine andere Entwicklung setzt *ao>off*. *ô* voraus, ehe Umlaut eintritt: *traostjan, *tröstjan, *trostin, *troistin, woraus gewölbtes *troesten*. Diese Entwicklung ist aber nicht allgemein.

und Umlaut *eu* (*oi̯*) erklärlich sind Schreibungen wie »*leuffen*«
(Br. L., S. 134) = currunt; »de p*oi*ngarten« 1190 (O. E.¹, S. 583)
neben sonstigem »*poumg.*« »*paumg.*« »*poung.*« etc.; »P*oi*ngart«
1160, Cbersp*oi̯*mespach« 1121—1138, »birb*oi̯*m« c. 1150 (Ver. f.
Lk. 1887, S. 12); de Loifenbach« für sonstiges »Laufenp.« (c. 1180,
c. 1195, c. 1200) »loufenb.« (c. 1190) etc. in O. E.¹, S. 651, 387, 694,
707, 708 u. 687. An ein mittel- oder niederfränkisches *oi̯*<*ou* glaube
ich fürs Bairische so wenig, als ich diese Schrift-*oi̯* für wirkliche Umlaute halte. — Deutlicher Zweifel, ob — bei der Gleichheit des
Dialectwertes für Grund- und Umlaut — *oi̯* oder *ou* zu schreiben
wäre, verräth sich in »Pöingartn« (Ver. f. Lk. 1887, S. 12) und
»Lŏefe« (B. G.¹, S. 108, 1149—1177), indem »ŏ« und »oi« im Zweifel
combiniert werden.

Somit haben wir mit unserem ‚a'<*au* vor Labialen, respective
‚am'<*ûm* jene Grenze erreicht, die wir uns eingangs § 47 gezogen
hatten: das XII. Jahrhundert.

§ 55. In einigen Fällen ist der Vorgang *au*>,a' auch vor
anderen Consonanten, insbesondere vor *n*, eingetreten. Das *u* des
Diphthongs ist offenbar dabei in den tönenden Charakter des *n* mit-
einbezogen worden. Der Ort (Ober- und Unter-) D a n e g g bei Neunkirchen wird dial. ‚dânig' mit hohem ‚a' gesprochen. Er erscheint
c. 1155 als »de Tŏnich (O. E.¹, S. 667) und »Tounich« (S. 675),
1164 als »Tounik» (S. 787), c. 1190 als »Taunich« (S. 690). Die
Schreibung mit »a«, welches nach der heutigen Aussprache nur ein
h o h e s sein kann, finde ich anfangs des XVI. Jahrhunderts in
zweimaligem »Danikch-er«, in »Tanigkher« und »Tanngkh-er« (Ö. W.¹,
S. 282); ein »Panckher« ist aber daneben als unwillkürlicher Schreibfehler für »Pánckh-er«, d. i. dial. ‚Peŋkh-ä' ‚Paiŋkh-ä' zu lesen. —
In einer Originalurkunde aus 980 (U. St.¹, S. 35) lesen wir für
das heutige S a n n t h a l: »Sovuina«; wenn wir dies als »Sauwina«
lesen, so wäre *au*>,a' wegen *w* noch immer nicht wahrscheinlich (nur
‚mülltâwi', siehe § 158, A. 2). Es kommen dann Schreibungen wie
»Souna« (1025, S. 52), »in Sauniam« (1174, S. 532), »in Saunia«
(c. 1175, S. 538), »de Sŏne« (1147, S. 275), »de Sowne« (1159,
S. 383) etc.; 1042 (S. 59) kommt zuerst »in Sounital« vor. Da-
neben erscheint 1146 zweimal, allerdings in Abschriften, »de Sevnia«
(S. 262 f.); da das *i* wol nur eine — noch dazu latinisierende —
Reconstruction aus dem consonantischen *n* ist, welches auch als älteres
Doppel-*n* (resp. *nj*) aufgefasst werden konnte, so kann der Wechsel

zwischen *au* und *eu* in der Stammsilbe schon damals auf einem hohen dial. ‚a‘ beruhen, welches dem Grund- wie dem Umlaut gleich entspricht. Noch mehr solchen Wechsel finden wir in Z. O. (S. 411): 1016 »Seuna« neben sonstigem »Souna« 1028, »Saunium« c. 1130. Seit 1247 nur Formen mit *e*: »Sewental«, 1328 »Sevntal«, 1346 »Sewntal«, 1333 »Seonia«; sicher hohes ‚a‘ ist gemeint mit »Sental« 1373, »Saental« 1385, »Seendtall« 1436, »Scental« 1491. — Den nämlichen charakteristischen Wechsel zwischen *au* und *eu*, der schliesslich in einfache *e*- und *a*-Schreibungen endet und dialectisches hohes ‚a‘ bezeugt, findet sich (Z. O., S. 411) im Namen Sanneck: 1173 »Sönhec«, 1209 »Souneke«, 1225 »Saunec«, 1237 »Sewnckke«, 1247 »Seuneke«, 1286 »Sowcnekke«; aber schon 1312 »Senik«, 1314 »Senaeg«, 1369 »Sanekk«, 1393 »Sannek«, 1423 »Sĕnekg«, 1499 »Sånegkh« u. s. w. — Welches Bewandtnis es mit einem »Senik« 1312 neben druhsetz, Hertnîde (P., S. 194) habe, das 1311 (S. 192) als »Seuneke« erschien und heute Sunek heissen soll, weiss ich nicht. In slavischen Gegenden ist die deutsche Tradition wol nur von Adeligen und Amtsleuten fortgeführt worden. Gehört auch »Soenberg« für Saunberg (B. G.¹, S. 223 f.) hieher? — Die steirischen Örtlichkeiten Stainz (Z. O., S. 437) werden, wie mir Herr Oberlehrer Ptelikan aus D.-Landsberg und Herr Joh. Kahr aus Marein schreiben, echt ländlich, wie ‚ſtắz‘ ausgesprochen. Auch hier stehen sich die *au* und *eu* gegenüber, sogar ein »Stivncze« und ein »Stivnicz« glänzen im XIII. Jahrhundert als Leistungen der Schulkunst; aber neben »Stauwcncz« 1160, »Stawiz« 1177, »Stewncz« 1245, »Stevncz« 1318 findet sich blankes »Stanz« schon 1229,¹) »Stånz« c. 1230, »Steuncz« 1300, »Ståncz« 1363, »Stĕnz« 1445; und, damit auch noch ‚a‘ < *ei* hineingedeutet erscheint, 1249 »Stainz«, 1357 »Sayntz« (sic!), 1445 »Steincz«, 1494 ebenso. — Wenn obiges »Stawiz« 1177 eine organische Form ist, dann deckt sie sich mit »Stouwiz« 1184 (U. St.¹, S. 597), dem heutigen Staatz bei Poysdorf in N.-Ö., welches nach P. Berth. Bayer von den Schotten als ‚ĭtâz‘ gesprochen wird; hiezu 1190 ein »Otto de Stöz« (V.U.W.W., S. 688). — B. G.¹ erbringen S. 115 (1177—1201) noch »de Tötenpah« für heutiges Dattenbach, »Tösin« für Dasching und »de Pörin« für Päring.

§ 56. Im Anschluss an *aum* > ‚am‘ > ‚a̓‘ und obiges *aun* > ‚an‘ > ‚a̓‘ muss noch ein vor Resonanten auftretendes falsches hohes ‚a‘

---

¹) Hiezu 1230—1245 »Stanz« = Stainz nw. v. Leibnitz (U. St.¹, S. 714).

erwähnt werden, welches indessen im heutigen Wiener Dialecte ganz durchgedrungen ist: es knüpft sich geschichtlich an das babenbergisch-nürnbergische ‚a‘>ahd. *ai* (§§ 1—20); die Fremden und ihre nächsten Nachkommen beschränkten die Geltung des ‚a‘ sicherlich in correct ostfränkischer Weise auf ahd. *ai*; die einheimischen Nachahmer verbanden und verschmolzen damit ihr bair. ‚a‘<*œ* (und *ä*), §§ 21—46; aber die Stadtbevölkerung ergänzt sich durch steten Zuzug vom Lande her; und wenn die in die Stadt übersiedelnden Landleute dort für ihr ‚ŏa‘ (älter ‚oi‘, auch ‚ui‘) in ‚zwŏa‘, ‚ŏa˙s‘ ein »herrisches« ‚a‘ sprechen müssen, so thun sie dasselbe auch in ‚mŏam‘, ‚tŏa˙‘, ‚gŏam‘ (älter auch ‚moim‘, ‚toi˙‘, ‚goim‘) = mhd. *muome, tuon, guome*. Dass hierin die richtige Erklärung für »herrisches« ‚mam‘, ‚ta˙‘ ‚gam‘ liegt, geht schon aus dem Umstande hervor, dass solche ‚a‘<*uo* nur vor Resonanten erscheinen, ebenso wie mhd. *uo* im Bauerndialecte nur vor Resonanten wie ‚oa‘ lautet, während sonst mhd. *uo* durchgehends als ‚ua‘ bleibt.

§ 57. Wenn daher (Weinh. B. § 66, S. 73) »thain« 1477 und »maime« geschrieben wird, so kann dies noch als älteres bäuerisches ‚toi˙‘ ‚moim‘ oder auch schon als jüngeres bäuerisches ‚tŏa˙‘ ‚mŏam‘ gelesen werden; für erstere Lesung spricht das häufige Wiederkehren von blankem ‚doin‘ = *tuon* noch 1590—1600 (Sti.), sowie älteres »Goinacher« 1130 für *Guonacher*, »Cŏinvarn« für *Guonvarn* (Ver. f. Lk., 1884, S. 423); so wird 1543 »thain« und »aufthain« in Ar. 25, S. 84 und 86, wegen des Schreibgebrauches der betreffenden Urkunde (*ai* gegen *ae*, § 39) als ‚toi˙‘ und wol auch »Gaindorf« 1377 (A., S. 268) = *Guondorf* (vgl. *Guonveld, Gounveld*) als ‚Goi˙ndŏav‘, hingegen jüngeres »graimetharbeit« 1730 (Ö. W.[6]) aus St. Martin bei Graz, und vielleicht auch »iber Tainau« 1543 (Ar. 25, S. 121 und 122) schon als ‚grŏamädŏawäd‘ ‚Dŏanä‘ zu gelten haben.

Die Aufbesserung dieses bäuerischen ‚ŏa‘ in herrisches ‚a‘ kann unter der Schreibung »ai« wegen §§ 21—46 ebenfalls zu verstehen sein, besonders wenn daneben Schreibungen mit blankem »a« vorkommen: »Tamfoit« (N. P., 603), »than« neben »tain« 1504 (Ar. 25, S. 135). Weinh. B. § 41. Während aber solches »a« auch dumpf und mit Herstellung eines vernachlässigten Nachschlages als ‚ä‘ oder ‚ŏa‘ gelesen werden könnte, kann der Wechsel zwischen »au« und »ai« nur im gemeinsamen dial. ‚a‘ seinen Grund haben (»Taunnau« und »Tainau«, Ar. 25, S. 121; herrisch ‚Dänä‘); ebenso der Wechsel zwischen »au« und »ue« (»Muemenouwe« 1282 neben »Maumau« § 51,

Ver. f. Lk. 1884, S. 115, heute M a m a u bei St. Pölten); es bleibt zu untersuchen, inwieweit altes *guome* und *goume* unter den gleichen Gesichtspunkt fallen. Am sichersten erschliessen wir ‚a‘<*uo* durch den Wechsel von »ue« und »e«, z. B. wenn »Wolfhart der Fvendorfer« von 1311 als »Wolfhardus de Vendorf« 1285 (A., S. 34 und 126) erscheint. Ein d i r e c t e s, unzweideutiges Zeugnis giebt uns erst 1626 ein Verächter der bairischen Mundart, der freilich zwischen »herrisch« und »bäuerisch« nicht unterscheiden gelernt hat: die Baiern sprächen »Kaan pro Kuen« und »Thaan pro thun« (C. S., 322).

§ 58. In der tönenden Articulation eines folgenden *l (ll)* verklingen ebenfalls die zweiten unbetonten Bestandteile der Diphthonge ‚ai‘ und ‚au‘, gleichgiltig, welcher Provenienz diese ‚ai‘ (= *î, öu,* Uml. *û*>*iu*) oder ‚au‘ (= *ou?, û*) sein mögen; sogar neues ‚ai" (für bair. ‚oi‘ ‚ui‘<*iu*<*ĕu*) unterliegt diesem Gesetze. Beispiele: ‚wâl‘ = *wîl*; ‚krâlln‘ = *krŏu(we)len*>*krellen*; ‚frâllä‘ = *frŏu(we)lîn*; ‚mâllä‘ = *miuler*; ‚fâll‘ = *fûl*; in Wien sogar ‚nâlli‘ für »neulich«. Das hiedurch entstehende hohe ‚a‘ wird von L i n d e m a y r zwar nicht gleich den übrigen mit »ä« geschrieben, wol aber mit den letzteren gereimt: »bsäling«: Heiling (S. 93); deutlich genug spricht die Reimschreibung S. 142 »zkreiln: zweiln«, da in keinem der beiden Worte *î*>»ei« vorliegt, vielmehr ein im bair. *l* liegender i- (ü-) ähnlicher Stimmton das vorausgehende hohe ‚a‘ zu ‚ai‘ (geschrieben »ei«) zu ergänzen scheint; daher einerseits die regelmässigen Schreibungen »Däweil« (S. 50), »Weil« (S. 77), »Weilsd'« (S. 82), »Freili« (S. 68), anderseits auch die Umdeutung der »au« (dial. ‚a‘) von »Maul« »Gaul« (z. B. S. 22) in »ei« »Meil« (S. 58) und der Reim »Meul« (sic! S. 37): »Weil«.[1]) Die franz. Wörter *faillir, tailloir* sind wol auf mündlichem Wege d i r e c t in den bairischen Dialect gekommen (‚fâlln‘ ‚tâllä‘) und erst aus den Dialectformen mit ‚a‘, die für Umlaute angesehen wurden, als »fühlen« (fehlen) und »Tüller« (Teller) in die bairische Schrift aufgenommen worden. Daher bei Lindemayr neben »feiln« (S. 24) die Formen »Fühlä« (S. 26), »gfülliert« (S. 26), »fühlts« (S. 30). Der Wechsel von »krölln« (S. 28) und »auskreilt« kommt hier ebenfalls in Betracht. — In Ö. W.[5], S. 362, finden wir aus 1788 »jewählig« für jeweilig; an der Grenze des XVII. und XVI. Jahrhunderts (1592) finden wir wenigstens

---

[1]) Wie der Sing. ‚mâll‘ neben dem Plur. ‚mâllä‘ zeigt, ist eben im Dialect ‚a‘ der Grundlaut (*mûl*) vom Umlaut (*miuler*) nicht zu unterscheiden.

ein auffälliges Vordrängen des *a* in »wail«, »oil« gegen »gleich«
»schreiben«, sogar »klein«: dass unter »ai« hohes ,a' zu denken ist,
legt uns »ainten« = dial. ,antn' nabe (Sti. XVII, S. 474). In einer
sehr sorgfältigen Urkunde (§ 39, 1543, Ar. 25, S. 84 u. 86), welche
»e« nur für ,a' verwendet, finden wir z w e i m a l »di wel« = d i e w e i l.
Vom XV. Jahrhundert aufwärts liefert uns Gegend und Fluss G a l
(Z. O., S. 200), dial. ,Gåll', hochwichtige Belege: 1218 »fluuius Gewl«
»Gaewel«, 1274 »Gaula«, 1281 »Gevl«, 1307 »Gaevl«, 1310 »ûz
der Geule«, 1318 »aqua Geula«, 1336 »Gaul«, 1358 »Gevl«, 1406
»Gåvl« lassen ein ahd. *Gawila, *Gauuila, *Geuuila, wenigstens bezüglich des Stammvocals, als ganz gesichert erscheinen. Schon das
Schwanken des Umlautes (»Gaul« 1336, »Gaula« 1274) lässt das
dial. ,a', welches dem Grund- und dem Umlaut gemeinsam entspricht,
errathen; an die Stelle des *au* oder *eu* tritt aber auch das »ei« und
»ey« (1464 »Geyll«, 1405 »Geil«, XIV. Jahrh. »Geil« »Gcyla« und
»Gayla«); dieses m u s s man allerdings nicht mit dial. ,frållä'< *friu-*
welin oder ,wåll'< *wil* auf dial. ,a'< *öu* oder ,a'< *i* deuten; man könnte
es einfach für entwölbtes »åu« halten, w e n n d e r D i a l e c t
ü b e r h a u p t v o r *l* e n t w ö l b t e V o c a l e h ä t t e. Aber der Name
wird sogar direct mit blankem ,a' geschrieben: 1434 »Gall«, 1424
»Gall«, 1389 »Gall«, 1385 »Gal«; und damit man solches »a« nicht
für ein dumpfes halte, stehen »å« »ae« »e« und »ê« daneben:
1490 »Gael«, 1489 »Gêl«, 1469 »Gåll«, 1466 »Gell«, 1451 »Gel«,
1425 »Gål«, 1400 »Gåll«, 1395 »Gêl«, 1349 »Gåll«, 1338 und
1307 »Gel«. Mit ,mållä' für *miuler* vergleicht sich vom Standpunkte
des hohen ,a' die Schreibung »Gůla« 1358; und damit die historischen Geltungen für dial. ,a' vollzählig vertreten seien, findet sich
auch noch 1336 »Goel« (von Z a h n durch »!« gesichert), welches
mit ,blåsl' für *Blœzelin* und obigem »oezesberg« (§ 41) und »rœmpla«
(§ 54) zu vergleichen ist (vgl. auch R. Müller, Ver. f. Lk. 1888,
S. 11, der *Gål*, *Giule* zugrunde legt, was unseren Beweis nicht
beeinträchtigt). Die Orte P a l e i t e n, deren es in Steiermark allein
z w e i giebt (Z. O., S. 22 »Paleiten« 1494, 1401; und »Påleiten«
1444, 1355), liefern 1385 einen Namen »Paleitter« (S., S. 330)
offenbar mit hohem ,a'; daher findet sich 1380 »Paeleitter« (S. 286),
1378 »peleiter« (S. 275); nun erscheint aber 1393 »michels des
paullautter« (sic! S. 353), 1391 »des Paulanter« (sic! S. 348) und
1298 ein »Ekhart von pavleiten« (S. 121); sollte *bûwelite* oder
vielleicht *bougelite* zugrunde liegen (vgl. ,bå', ein Gebäck = *bouc*),

so zeigt sich der orthographische Wechsel *au:* »e« 1378—1393.
Auch der Ort P a u l o f z e n (Z. O., S. 24) zeigt sich als »Paulstorf«
1318 und noch 1486 mit *au, aw*; 1441 zweimal mit *e*, 1468 ebenso;
1458 aber mit blankem »a«; 1430 mit jenem »ô«, das wir oben in
»Goel« gefunden haben.[1]) — Orthographische Verwendung eines *eu*
für hohes ‚a‘ des Dialectes zeigt folgender interessante Fall: mhd.
elliu lautet schwäbisch noch heute »e°le‘«, das giebt bair.-österr.
*,älle“ *,älli‘* mit hohem ‚a‘. Im XIV. Jahrhundert wird diese Form
aber d r e i m a l (J., S. 494, 506, 513) mit »*evlew*« »*ewlew*« geschrieben, also *ew* = ‚a‘. Wenn in derselben Dichtung »*Avlesios*«
statt »*Eleusina*« (vgl. »*Ezzel*« ‚Azl‘) zu nemen wäre, läge ein ähnlicher Fall vor. — Der Ort T a l l e s b r u n n bei Gross-Enzersdorf
(N.-Ö.) mit hohem ‚a‘ wird 1155 »Tólinesprunnen«, später »Taulins-
prunn« etc. geschrieben; 1328 heisst er aber »*Tællesprunne*«, im
Reimchron. und bei Helbl. »Telesprunn«, 1256 »Telensprun«, 1246
»Teleinsprunne« (Ver. f. Lk. 1889, S. 51). Ganz unnötig bemüht
sich R. Müller, in das spröde *ou* einen Umlaut hineinzudeuten
(*Töulinexprunne*), denn das hohe ‚a‘ (<*ou, öu*) ist eben Grund- und
Umlaut zugleich und wurde nur irrtümlich durch »e« bezeichnet,
welches wir ja für alle Arten des hohen ‚a‘ haben eintreten sehen. —
Ob im Namen ‚Streiler‘ c. 1200 (Weinh. B. § 80) für *Strælare*,
dial. ‚ĵträllä‘ ein orthographisches »ei« nach § 43 (= *æ*) vorliegt, oder ob an
ein »Streiler«<*Strilære* gedacht wurde, ist nicht zu entscheiden. Ein
î vor *l* scheint anzusetzen zu sein im krainischen »Chrilowe« c. 1130
(U. St. ‚, S. 137), weil es heute »Grailach« heisst; darnach ist wol
auch »Grilov« c. 1190 (G r a l l a bei Leibnitz, S. 702) mit î anzusetzen, kaum wird zweimal *i* für *iu* gedacht werden dürfen: 1170
erscheint der Name schon als »Graelaw« (S. 481), wenn die neue
Abschrift genau ist. Wir hätten dann ‚ai‘<*i* frühzeitig vor *l* zu ‚a‘
vereinfacht. Schliesslich stellt sich *bichrellen, erchrellen* (XII. Jahrb.,
D. Wb. V, 1984) zu ahd. *chrauuil* (Gff. IV, 585), wie ich schon im
R ĵanäd, I, S. 79, V.85, vermutet habe.

§ 59. Ein schwer erklärliches *e* für *i* findet sich in »schreben«,
das zwischen 1594—1596 viermal auftritt (Sti. XVIII, S. 157, 159,
zweimal S. 176); nach Rĵanäd I., S. 455, § 69, geht ‚ai‘ vor Labial-

---

[1]) Umgekehrt 1344 »Wintpazzing« und 1454 »Wintpaissing« für sonstiges
winipŏzzing (c. 1190), »wintpoezzing« 1350 (Ver. f. Lk. 1887, S. 89 ff.) und hiezu
die Dialectformen ‚schaŭrpässi‘ = *schúrebôzec, vom Hagel» zerschlagen, und
‚Wimpässir‘. — Vergl. oben »Goel«, »rœmpla«, »oezesberg«.

lauten in ‚âll‘ über: sollte das *ll* bei schlechter Aussprache unhörbar
geworden und das restierende ‚a‘ wie sonst mit »e« geschrieben
worden sein? Bei »strechunder« 1543 für *strichender* (Ar. 25, S. 83)
wäre vielleicht etwas Ähnliches denkbar. »Sefrid« ist kaum mit
Weinhold (B. § 45) auf *Sifrit* zu deuten; Förstemann setzt einen
selbständigen Namen »Sêfrit« (mit *sêo*) an. Vgl. U. St.[1], S. 108
(c. 1100) und S. 982 (1130—1189).

§ 60. Ein hohes ‚a‘ muss schliesslich noch hervorgehoben
werden, welches in den heutigen Dialecten sich kaum mehr erhalten
hat, nämlich ‚a‘<offenem ë; und doch zeigt es sich deutlich in alten
Schreibungen. Offenes ë (‚ê‘) wird noch im Unterinnthale statt unseres
mittleren oder geschlossenen gesprochen: ‚êssn‘ ‚stêcḫn‘ (= *ezzen*,
stëchen); in § 46, S. 109, haben wir angenommen, dass ähnliches, khêvà‘
sich schliesslich zu ‚khâvä‘ gesenkt habe. Vereinzelte Fälle solcher
Senkungen, die wir ja in anderen Dialecten sehr verbreitet finden
(z. B. Schm., Gr. 183), erheischen den urkundlichen Nachweis der
‚ê‘ für ahd. ë auch fürs Bairische. Zu Wh. § 10 fügen wir noch
1203 »Olricus Pœrgær« (U. St.[2], S. 103), 1242 »Chaelzo« (S. 518;
vgl. »Hofekelz«), der 1243 (S. 537) auch »Cheltzo« geschrieben
wird; 1294 »saelben« »staerbe« »gaelt« (Hei., S. 272 f.), 1295 »ge-
schaehen« Inf. (S. 279), 1294 »Daz saelbe« (S. 275).

Nun finden wir auch mhd. *vëlwe* 1262 »Vælben« geschrieben
und wir würden dieses »æ« nicht als hohes ‚a‘ deuten, wenn es
nicht im XII. Jahrhundert, ferner 1256 und noch zwei andere Male
»Valwa« geschrieben worden wäre (Ver. f. Lk. 1887, S. 120);
jener »Chælzo« erscheint 1248, allerdings in einer Abschrift des
XIX. Jahrhunderts, also wol nicht ganz unkritisch, als »Chalzo«;
dabei darf freilich nicht übersehen werden, dass im lebenden Dialect
‚khüllzn‘(<*këlzen*) und ‚khóllzn‘(<*kalzen*) wechseln, aber doch wol nicht
im Namen einer und derselben Person (vgl. S. 99 f.). Sicher ist wieder
»a« für ë im XII. Jahrhundert »lazent die lazarin« (Br. L., S. 136).

Quellenverzeichnis.

A. = Urkundenbuch der Benedictinerabtei s. b. Lambert in Altenburg, N.-Öst.,
O.-M.-B., von H. Burger. Wien 1865. In den Fontes etc. (Österr. Ge-
schichtsquellen, herausg. v. d. hist. Comm. der kais. Ak. d. Wissensch. Wien,
seit 1849.), II, 21.
Ak. W. = Sitzb. der k. Akademie der Wissensch., phil.-hist. Classe.
Ar. = Archiv für Kunde österr. Geschichtsquellen. Herausg. v. der k. Akad. d.
Wissensch. XI. Bd., S. 152; XII. Bd., S. 267 u. S. 283; XXV. Bd., S. 3—147).

B. = Mitteilungen des Vereines f. Geschichte der Deutschen in Böhmen.
B. XII. U. = Zwölfter Band von B., S. 157 (Unterhaid).
B. XV. (F.) = Fünfzehnter Band von B. (Taiding v. Friedberg, 1654—1697).
B. XXII. B. = Zweiundzwanzigster Band von B., S. 302 (Ruge von Brunners-
    dorf bei Kaaden, 1584).
B. XXII. H. = Zweiundzwanzigster Band von B., S. 322 (Marktordnung von
    Hohenfurt, 1608).
B. XXII. S. = Zweiundzwanzigster Band von B., S. 125 ff. (Schönbacher Dialect).
Be. = Urkundenbuch von St. Bernhard, Fontes etc., II, 6.
B. G. = Quellen zur bairischen und deutschen Geschichte. 8 Bde. Seit 1856
    (B. G.[1] = erster Band von B. G.).
Br. = Mitteilungen aus altdeutschen Handschriften (IV, Benedictinerregeln;
    XIII. Jahrh.).
Br. L. = A. E. Schönbach, »Über einige Breviarien von St. Lambrecht«
    (Zeitschr. f. d. A., XX, S. 129 ff.).
Chr. = Die Chroniken der deutschen Städte vom XIV. bis ins XVI. Jahrh.
    (Bd. XV, Leipzig 1878, Hirzel. Regensburg, Landshut, Mühldorf, München).
C. S. = Germania, XI, 320—326 (Caspar Scioppius).
C. W. = Copey-Buch von Wien, Fontes etc., II, 7.
E. O. = Einname von Ofen, Dialectgedicht (»Allgemeine Zeitung«, München 1886,
    Nr. 244 [3. Sept.], 2. Beilage).
F. = Urk. von Freising, Fontes etc., II, 31.
H. = Urk. von Hohenfurt, Fontes etc., II, 23.
Ha. = Diplomatarium Habsburgense, Fontes etc., II, 2.
He. = Herberstein, Fontes etc., I, 1.
Hei. = Urk. von Heiligenkreuz, Fontes etc., II, 11.
J. = Arnolt's »Juliana«, in Schönbach's Mitt. a. altd. Hdschr. V. (vgl. »Ku«.)
K. = Kaltenbäck, Rechtsbücher des Mittelalters. Wien, I und II (1846—1848).
    K.[2] = zweiter Band von K. (N.-Öst.).
Ki. = Kirchmayr, Fontes etc., I, 1.
Kl. = Klosterneuburg, Fontes etc., II, 10.
Kl.[1] = Klosterneuburg, II. Teil, Fontes etc., II, 28.
Km. = Kuemmel, die Auf. deutsch. Lebens in N.-Ö. im IX. Jahrh.
Ku. = Schönbach, Mitteilungen aus altd. Handschriften. 1. Kurzmann (Sep.-Abd.
    a. Ak. d. W., LXXXVIII, S. 831), XV. Jahrh.
N. P. = Nekrologium von St. Pölten. Fontes etc., II, 21 (XII.—XVI. Jahrh.).
O. E. = Urk. des Landes ob der Enns. Wien 1852 ff. (O. E.[1] = erster Band
    von O. E.).
Ö. W.[6] = Bischoff und Schönbach, Österr. Weistümer, VI. Bd., (steirische
    und kärntische Taidinge).
Ö. W.[7] = siebenter Band von Ö. W.: Gust. Winter, Niederösterr. Weistümer,
    I. Teil: V. U. W. W.
P. = Urk. von St. Paul, Fontes etc., II, 39.
S. = Urk. von Seitenstetten, Fontes etc., II, 33.
Sch. = Urk. des Schottenstiftes, Fontes etc., II, 18.
Sti. = F. Stieve, »Wittelsbacher Briefe«. Abhandlungen der histor. Classe der
    k. bair. Akad. d. Wissensch., XVII. u. XVIII. Bd.
T. = Tichtel's Tagebuch, Fontes etc., I, 1.
U. St. = v. Zahn, Urkundenbuch von Steiermark (U. St.[1] = erster Band von
    U. St.).
Vr. = Vernichtnuß der payren von einem kropfaten steyrer (mir von Schönbach
    in eigener Handschrift zur Verfügung gestellt. Vorlage aus dem XVI. Jh.,
    Original etwa aus 1470). Seither gedruckt?
W. = Chronik der Wiedertäufer. Fontes etc., II, 53 (1526—1785).
Z. = Zwettler Stiftungen. Fontes etc., II, 3.
Z. O. = v. Zahn, Ortsnamenbuch der Steiermark im Mittelalter. Wien 1893,
    bei Alfr. Hölder.